赛博格时代的
爱情面孔

从 到
"我爱你" "我@你"

················· ♡ ·················

[西班牙] 玛蒂娜·伯德特／著

钱捷／译　王倩／审校

Love in the
Time of the Internet

Do You L@ve Me or Do You Follow Me?

上海教育出版社
SHANGHAI EDUCATIONAL
PUBLISHING HOUSE

致劳雷、路易斯和贝尔特兰（库乔）

推荐语

数字时代促进了沟通的可能性，深刻改变我们与世界的关系以及与他人的联系。在这里，互联网的虚拟现实提供了一种极具反差性的发展：过去，浪漫的信件和期盼着与分隔两地的心上人重逢是爱情的自然之态，人们在邂逅之后又令人痛心地中断了联系则可能成为艺术诗歌的源泉；而今天，虚拟的沟通方式弥合了爱人之间的空间距离。但是，也可能会出现一种可行性无限的幻觉，这种幻觉试图消除各种形式的缺失或丧失，借此将个人自己的主体置于突出地位，并以牺牲彼者为代价。玛蒂娜·伯德特（Martina Burdet）谈到爱情的新秩序，并为此找到了"l@ve"这个绝妙的术语。在这本饱含丰富的临床与文化内涵、极具话题性的书中,她以一种引人入胜的方式描述了自恋与爱神厄洛斯之间的关系转变,以及这种转变在 21 世纪对人类性欲的影响,而她本人并没有陷入文化悲观主义。爱情的新秩序已在世界范围内生根,使这本书变得更加重要。中译本的出版非常令人欣慰。祝愿此书在中国畅销。

——黑里贝特·布拉斯(Heribert Blass),

杜塞尔多夫大学医学博士,

欧洲精神分析联盟(EPF)主席,

国际精神分析协会(IPA)候任主席

数字化技术展现给人类如此清透的世界,爱情不再是谜题。当对关系和沟通的渴望迷失在几乎无痛的自我完善和自我实现之中,数字世界消融了精神距离,时光无法被雕刻,他人无法被铭记。

感谢本书的作者伯德特,坚持不懈地践行思考先于数据的立场,将我们拉回身处时间牵绊之中的真实情感震荡,带领我们,向即刻化、可用化的数字爱情秩序

"l@ve"发问。

——王倩，

中国心理卫生协会副秘书长，

国际精神分析协会中国学组进程委员会主席

　　这是一本探索人类情感、关系和数字文化交融的独特且深入的作品。这本书以作者玛蒂娜·伯德特的精细临床研究为基础，勾勒出我们这个时代的爱情观。伯德特的观点尖锐而富有洞见，她精巧地运用了新词"l@ve"来表达互联网如何改变人们的恋爱方式，这个独特的符号象征着这个时代的新爱情秩序，深入揭示互联网如何改变我们的人际关系和自我认知。

　　通过这本书，读者将有机会深入理解这种新的爱情秩序如何影响我们的生活、关系和自我认知。这本书不仅对精神分析学者具有吸引力，对任何想要理解我们这个数字时代如何改变人类情感和关系的人来说，都是一本必读之作。伯德特的深度和独创性使这本书成为互联网时代的爱情研究的一个里程碑。这本书是一部引人入胜、令人深思的作品，值得每一个生活在这个时代的人阅读。

——邱锡鹏，

复旦大学计算机学院教授，

大型对话模型 MOSS 项目负责人

爱与爱情，这对美妙的孪生词与互联网有了瓜葛，简直是一种罪过。人性毫无遮拦的暴露，让虚拟世界变得比现实还要真实难耐，直视的结局就是祛魅，意趣荡然无存，爱和爱情的美妙意味哪里能存活？

我一直想找这么一本能在心智和神经病理学层面理性解析网络诸多"乱象"，与爱与性有个"肆意"说法的文本，不求真，只求法，《赛博格时代的爱情面孔：从"我爱你"到"我@你"》给了我求解的一类答案，活生生的敏锐与前沿。

——严智龙，

中国当代艺术家，

上海戏剧学院教授、博士生导师

序一
心灵现场的反思

一部颇为精彩的精神分析学或曰临床心理学的新作。这里的"临床",不仅是在医学实践的意义上,也是在社会学和文化学的思考中。"临床"一词所描述的,不仅是空间的切近,也是时间的同频。

30年间,我们静悄悄地(用网络流行说法,是"安静如鸡")进入一个经历海啸级冲击和激变的时代。新技术革命(数码技术应用 + 基因链破解 / 生物学革命)的发生,以极端剧烈的方式重组了全球资本、生产与劳动,同时整体地改变了人类的生活方式与形态。毫无疑问,新技术革命开始入侵个体的心理情态与感知方式，重组或曰再度形塑人类的内在生命与情感结构。

然而，一如我自己在十数年间反复表述的一个判断：这场新技术革命，在深度和广度上接近甚至超过了工业革命；但在世界范围内，如此剧烈而深刻的变化完全未经抵抗，几乎未获讨论。反观世界现代史，在规模和程度上远逊于此的新技术应用，都曾引发间或激烈的社会抵抗和全面介入的公众讨论。人们或许惯性地／惰性地反问：既然类似抵抗从未能终止或逆转技术革命的发生，那么这些犹如螳臂当车的抵抗或讨论意义何在？同样在回瞻的视野中，我们可以清晰地看到：类似抵抗和讨论的意义正于文明的洪流倾泻之际，为我们自己赢得片刻时光，令我们可以自觉到正在发生什么；令我们意识到，我们赢得了新技术提供的诸多便利和进步的同时，我们为此付出了怎样的代价，为此丧失了哪些原本的拥有；令我们或许可以在仓促间反思：这代价是否必需或值得？这些丧失是不是人类可能背负和承受的状况？技术进步是否的确提供了人类福祉？在更文明的生存中，人类是否因此而更加快乐和幸福？

来得迟却远好过长久的缄默与空白的是，在 21 世纪的第三个 10 年中，人们终于开始分享对这一冲击与激变的回应和讨论。此间，不仅有韩炳哲的哲学短章，易洛思的社会学观察，而且有了本书，玛蒂娜·伯德特的《赛博格时代的爱情面孔》——一份来自临床心理学 / 精神分析学的、我们时代的精神症候案例与诊断。

于我，本书的阅读带来某种悸动而欣喜的感受。书中对那些社会心理情状的记录、剖析，个案的切入与延展，牵动、共鸣于我自己对社会文化与心理现实的近似又不同的观察、思考。令我自己的阅读带上了某种急切感的，则不仅是作者对类似案例、情状作出的精神分析学内部的"诊断"，而且是作者借此引申出的对 21 世纪的时代症候的勾勒与命名。更为有趣的是，她对弗洛伊德精神分析学作为某种元话语在世界范围内的滥觞、多重误植的重要提示。其中包含如此多的颇富洞见的描述和定位。诸如"新的爱情秩序"，其中"连接取代了关系"。诸如置身于网络 / 虚拟世界之中，那似乎无穷放大的身体与欲望，同时对位着"别处的" / 缺席的身体。诸如自我主体化的想象因对他人（译文中的"彼者"）主体品格的无视与拒绝而无从抵达。诸如网络似乎向每个个体允诺了恒定的"受关注"（即刻获得点赞）、获陪伴、不断经历坠落爱河的激情，而事实上我们获取的或许只是纳喀索斯式的绝望与死亡。诸如爱、爱情的客体不再是某一他人（彼者），而是小装置——手机或形形色色的屏幕；我们自觉到的与他人的联系，远不如我们与科技装置的连接来得真切。诸如爱的客体在互联网时代被赋予恋物癖式的价值，他／她因此不再是独一无二的、不可替代的，而只是一连串的也许是无尽的可选、替代品／商品之一。诸如网络世界给予的最伟大的承诺和幻觉，便是我们似乎终于得以摆脱人类之为"早产儿"的宿命，终于可以规避社会正是由无数差异性个体构成的整体所携带的问题和困扰，却事实上将我们更深地囚禁在"人类的状况"之中。类似洞察不胜枚举。

　　作者俏皮地制造（或借用？）了一个新词"l@ve"，同时向我们展示类似字母／符号装置，命名了"新的爱情秩序"，却并未改变爱情/love始终携带的从不单纯的内涵：爱情与情爱（爱与性），主体与客体，自我与他人，他恋与自恋，激情与痛苦。因此，当我们成功地借助网络世界拒绝了痛，虚拟化了，或曰贬斥了客体、他人（彼者），也同时以某种方式抹除了爱情自身；自我与其网络镜像之恋，间或延宕或曰阻断自我主体化的过程。

序一　心灵现场的反思

于我，《赛博格时代的爱情面孔》一书构成了某种生命的也是经验层面的解惑。对于诸多我自己在现实世界与网络世界之间观察到的、思考中的、迷惑其中的文化现象、社会表征和心理情态，玛蒂娜·伯德特给出了睿智的、精神分析学内部的"诊断"或曰答案——尽管未必是我可以无保留认同的（由于社会位置、差异性经验、学科逻辑的不同），却无疑具有丰富的启示性。诸如，如果说网络时代诸多的社交和交友软件、林林总总的 APP，令我们拥有了近乎无穷的选择，甚或是整个世界，那么，为什么我们却如此难以建立或确立亲密关系，甚至恐惧、拒绝亲密关系的存在？如果说在网络世界中，我们追逐快乐、快感，所谓"我的地盘我做主""今天你多巴胺了吗"，那么，为什么在世界范围内，抑郁症成了患者逐年递增的流行病？自杀率居高不下？如果说现代主义的全球实践之一，是令核心家庭成为最小社会单元的模板，那么，为什么近年来风行的个人私密性叙事里，"原生家庭"成了生命经验中的荆棘地，以致"疗伤"成为青年一代的社会性低吟和嘶喊？玛蒂娜·伯德特的诊断是弗洛伊德式的，也是当下世界的。一如她开宗明义对弗洛伊德的引证：个体心理学从来都是社会心理学。

此书中，个体心理情状作为生动的个案，为我们提供了观察、切入、理解为新技术革命重组后之世界及生存于这世界上的我们自己的机遇。于我，这也是重要的起跳点，间或令我们破镜而出，与现实、历史、世界、他人相遇。

戴锦华

序二
赛博自我的爱与痛

在知觉–记忆生命[(1)]遭受攻击的地方，精神分析师玛蒂娜·伯德特见证了社会–赛博–自我的心理灾难。在《赛博格时代的爱情面孔》这本书里，她首先陈列了赛博爱人们的心理事实：病人来到她的躺椅上，拒绝交出手机，缄默无语。但这是付费的"告解"，总得说点什么吧。他们起初什么也说不出来，失语，哭得稀里哗啦，随后说出来的片段（clip，也有"芯片"的意思）慢慢被打捞

<hr />

(1)　哲学史中有大量关于记忆与认知关系的讨论。将人界定为"知觉–记忆生命"，是一种现象学视角下的主体本体论。

起来，暴露在言辞的沙滩上。大数据海洋里的浮游生物，是你是我也是他／她。这片海洋里居住着两类生物：一个是行动派，另一个是心理派，而他们共同的特征是一刻停不下来的"字节跳动"。书里有个代号叫"德克"的病人，他沉迷于约会网站。在那里，手指轻触就能浏览"无数"（这也是大数据的五个特征之一）图片和个人资料。刺激和性唤起的超载与过量，用弗洛伊德的话说就是神经脉冲强度过大，导致他"系统崩溃"。

"互联网"几乎成了个体的另一个"原生家庭"。我们生于网络，死于网络。人人手里持有两份ID：一个是身份证，另一个是移动智能产品账户。玛蒂娜将赛博生命世界里的"我爱你"（love）读作"我 @ 你"（l@ve），而"你"是谁变得不重要了，"你"仅仅是他者面庞的符码，"你"是一堆数码物。而"你"又是"亲密爱人"，永远在线，总是在这里"陪伴守护"。"你"被数码技术解析为屏幕的"光"以模拟爱人的凝视，"你"的语音随时可予可取。现在，欲望由两个身体条件，即目光和声音得到绝对满足。于是我们深信自己恋爱了。但另外两个条件，即吮吸和排泄[1]，新技术目前仅仅将它们模拟为

---

[1] 弗洛伊德在《性学三论》中将儿童期性心理发展分为五个阶段，其中吮吸属于口腔性欲期，排泄属于肛门性欲期。

硬件设备的开／关，程序设置的添加／删除。

社会批判理论大师阿多诺将社会比喻为"团块"（block）。在他看来，因为社会无法定义，只是一堆缠绕不清的既定关系网络，因此直接性必须对抗规定性。现在，这个社会关系网络技术化为否定社会规定性的任意链接，而经典爱欲的信奉者，如哲学家韩炳哲和巴迪欧——这是本书作者玛蒂娜喜欢引用的作者——从主体论出发，依然认为"爱欲关系到他者"，在他者之爱的同一性里，即"爱情共产主义"的小团块里，才有自我反思（self）的明确性，从而让心智摆脱混沌无知的自恋状态。拉康派精神分析则采取另外的视角，认为自恋如营养液，小自我（ego）浸泡其中，而成长或社会规训如同外科切除手术，让生命与幻想相诀别。在拉康看来，大他者制造了诸多遭受嫉恨的小他者。在互联网中，我们一边围观别人"秀恩爱"，一边确信"秀恩爱死得快"。在数码存在主义的处境里，爱与死不再是沉思的对象。体验可以被模拟，也就是说，"看"他人恋爱相当于我"在"恋爱。爱与死合体，成为闭合坚硬的心理团块。越"看"越"爱"，越"爱"越绝望，感性辩证的否定性不是思维工具，辩证否定变成工具本身。人人都在刷手机。

刷手机不是自恋行为，恰恰是"幻想营养液"被抽干后的代偿机制。

在拉康的镜像阶段，小婴儿总在揣测"妈妈"想要什么，小自我通过满足"妈妈"（大他者或虚无）来求得自我满足。在此，"揣测"成了幻想的原初场景，即细心呵护着的心理深度现在被大数据的准确性（veracity）填满了，同时以数据之"大"（volume）使一桩未曾发生的恋爱事件发生（如推送功能）。算法是一位永不疲倦的媒婆。"海量"在置换"深度"的质感体验。从拉康的角度说，能爱下去，不是因为空虚需要填满，而是因为总觉"不够"，因为"爱"本身是终身的"服役"，去爱就是去服役。

今天，我们似乎一致承认，深度消失了，世界扁平了，但扁平并不意味着坦途，行走再也不艰难。弗洛伊德说的五种性欲状态[1]不是构成性的，也不是演化式的，而是基于各自的差异产生的板块漂移和运动。成为他者的"心上人"依然是件美好的事情，同时也一定是件无

---

[1] 指弗洛伊德《性学三论》中的儿童期性心理发展阶段论，作为现象学意义上的差异呈现，此处强调这五种性欲状态的非构成性和非演化性，避免欲望驱力因目的论而耗尽。

比麻烦的事情，这取决于我们如何对待差异，而不是惧怕差异。作为他者去爱他者，这是女性主义哲学家伊利格瑞对我们的教导，因为自己的"要"毕竟不是由具体对象决定的。苏格拉底在《裴德罗篇》里曾谈到，爱人双方不可对象化，进而也无法相互规定，灵魂的羽翼才变得丰满，让自身得到重塑。研究《性史》的福柯发现，现代的知识型话语使对象的规定性受制于语言逻辑，语义的同一性决定了语用的范围。在约会网站和婚恋中介所，人人都被表征为一堆由语言和图像符号构成的资料，而亲密关系中的"自我表达"作为鲜活艺术被扼杀了，因为相互往来、彼此抛掷的情话是可触的，表达的是最率直的诗性自我，私情里的言说也是性（sexuality）愉悦的一部分。

在爱中，爱人之间无法彼此对象化，正如在拥抱、爱抚、缠绕的身姿里，我们无法区分我—你的边界，这似乎是对现代人"知性界限"的仁慈补偿。更何况对象已变成可怖的数码物，大他者的真实面庞显现，因此以色列社会学家易洛思才说"爱会伤人"。如今，作为表意实体的电子数码物，如屏幕上的文件夹，既不是实物，也不是概念。它不是真实的文件夹，但具备文件夹的效能。作为数码物的应用图标成为这两者之外的第三类存在，或者说是意义被缩减为效能符号，那么这个时候，恋爱中的"我"和"你"怎么才能统一到哲学家深信的"爱欲"之中呢？

赛博格的小自我浸泡在智能机器的工业化营养液里——电影《她》就在思考这个问题——正如图标文件夹的两难：是文件夹又不是文件夹，被困于质和量的缝隙里。新技术突然闯入我们的爱欲生活，将现代人信奉的"爱欲主权"的疆域分成两块——线上心理性高潮和线下身体性高潮。就知觉现象而言，作为氛围的色情和作为行为的色情因分离而相互抹除，赛博爱人们的会面成为一桩让人无比尴尬的事。毕竟，人的面容和身体没有屏幕的"触感"来得"爽滑"，布满裂隙沟壑。正是差异才让爱欲有容身之所。再者，面容和身体返回了线下复杂幽微的场景氛围之中，感官要接收诸多刺激，使得知觉能力变得敏锐，"你是谁"因而变得更加模糊。操控受阻，于是人丧失耐心，变得焦虑。然而，值得商榷的是，玛蒂娜将手机称为"爱的客体的小装置"。但她似乎错误借用了韩炳哲的观点，将性等同于色情，并以为色情是对爱欲的亵渎，但我们知道苏格拉底的"爱欲论"从未否认色情。这个奇异的"小装置"肯定无法承担"色情原罪"。

弗洛伊德说，典型的现代神经症更接近真相，言下之意是将表象从认识论的传统中移除，从而废止形上真理。但是，在冰冷的亲密关系中，我们有什么理由嘲笑唐吉诃德的"女神"是位粗鄙的村妇呢？这位愁容骑士信仰的正是表象世界。与之相对的是，"歇斯底里症"无法去爱——弗洛伊德认为此症的患者中，女性偏多，也包括男性——成了一坨内卷的心理小团块。其根本在于我提出的"性别之伤"[1]：女人见证了同一性的不可能，但爱欲被"圆满"这样的父权话语操纵，接近"真相"的"疯女人"只能以"死气沉沉"来回应。因而补救之道就是"以二去爱"[2]，去拥抱差异。作为爱欲现象的性能力正是朝向他者敞开的能力，而不是在与他者的爱欲关系中，赢得爱的实质或目的，如占有、支配和征服。朝向"你"才能爱。爱欲是直接的面对面，一如在友爱生

---

(1)　详见张念《性别之伤与存在之痛》。
(2)　法国女性主义哲学家露西·伊利格瑞在《性差异的伦理学》中，挑战西方传统哲学中将性别差异排除在存在论之外的定势，提出以"二"代"一"，认为只有将承认性别差异作为认识论的新基础，才有可能重启爱欲本能。

活中，为认知所设定的"他者"转换成"你"，但这种直接性可以被技术编码为功能的迅捷。以丧失知觉为代价，这种直接性正被改写成随时随地的可予可取、储存、抹除、安装和卸载。

在新技术环境中，人的表现能力被机器取代进而萎缩。现代主义艺术家们试图再现不可再现之物，这是最后的挣扎。神经症成为有机体亲历生—死辩证法的"牲人"，其极端化的症状就是任何辩证对子的两极，如涉及感官的热—冷、动—静、软—硬所带来的快—不快的区间缩小，知觉变得麻木，直观变得盲目。正如玛蒂娜在书里提到的"迅捷和即刻"的"要"及其心理满足，对心理主义来说，这可能是一种彻底的胜利，因为身体的实存被消除了，正如哲学史的内战的导火索，我思故我是。

如今，作为互联网用户（user）和 IP 协议签署者，人人都是赛博格。从哲学角度看，这是数学思维（最纯粹的形式思维）最后的登峰造极的制成物，使得人作为概念实存于两个空间，一个线下物理空间，另一个线上虚拟空间。两个空间共享着"现实"（reality）这一概念限定。更多的时候，一个线下活动如果不在线上展示，几乎等于没有发生。然而，既然是限定，线下直观和线上直观到的世界便都存在着有限性。

然而人是心理的实存，更是身体的实存。如果身体作为欲望的诱饵，如弗洛伊德说的"婴儿陛下"(1) 为屏幕凝视所覆盖所包裹。通俗地说，"手机里有一切"，全能和全有（all in one）。套用康德的表述，心智（intelligence）这神秘的宇宙力量，知道一切、做一切和欲求一切，就是说智能人（homo 是智能代理，人肉机器？形而上学 meta-physics 的代具）通过智能力量制造了人工智能机器（AI），即智能复制智能，人粘贴人，于是 META 可以置换、递归、映照一切，这如同新宗教信仰，即还未发生的已经发生了，但唯一不能模拟的是人的"呼吸"。

当然，人们会说输入—输出可以模拟呼吸，赛博也在"呼吸"，不是吗？向大脑输入知觉形象，大脑再输出记忆形象，这是人的知觉机制。但我们要问的是，智能终端有知觉机制吗？有，目前可以在相同（如数码成像）和相似（如低级认知）的层面做到，不能确定的是在第三个层面，同族记忆层面，即脑的深层记忆模拟，

---

(1)　指人的生命早期与万物混为一体全知全能的混沌状态。

现在卡在这里了，即"呼吸"困难的必然性。精神分析试图协助我们恢复联想的能力，激活和疏通受阻的深层记忆，让创造性想象的权能为"潜意识的怪异生活"腾让表现空间，如爱和艺术，而不是一而再再而三地依赖浅层刺激的生产性想象去重复某个行为，使得手指成了发疯的"主人"，那双发疯的"红舞鞋"。记忆和回忆是有区别的。

当爱欲苦痛时，我们习惯指责这个指责那个，最肤浅的做法是去指责资本主义功利人格。玛蒂娜说自己并不是在道德说教，而是试图描述和解码爱欲的苦痛。就精神分析而言，"解码"不是解决和抹除"苦痛"。"苦痛"是一个实存的场所，它迫使我们向着知识的局限敞开。如果你正在"网恋"，你可以打开这本书了。如果你正打算线下表白，那么祝福你，去做你配享幸福的事情。

张　念

目 录

....

前　言

读者很快会发现，手中的这本书有两个鲜明且无可争议的特点：独创与适时。其主题的时事性也体现在书名《赛博格时代的爱情面孔》上。互联网技术自开发建立至今，历时不过短短 30 年，但是，自蒂莫西·伯纳斯-李（Timothy Berners-Lee）1994 年在麻省理工学院（Massachusetts Institute of Technology，MIT）创建超文本标记语言（HyperText Markup Language，HTML）、超文本传输协议（HyperText Transfer Protocol，HTTP）和万维网（World Wide Web Consortium）起，互联网和数字文化就始终在迅猛地扩张其领域。这被视为一场可与印刷术的发明相提并论的人类文明革命，甚至有过之而无不及。历史学家尼亚尔·费格森（Niall Ferguson）在他的书中，也把马克·扎克伯格（Mark Zuckerberg）称为"拿破仑再世"。[1]

这本书的独创性不仅因为其讨论的主题——这一主题通常被精神分析家们忽视——还因为其写作方法。玛蒂娜·伯德特（Martina Burdet）通过"司空见惯的故事"，展现她对该主题及其含义的细致深刻的研究，这些故事取自她的临床工作片段：她的病人们（patients）讲述了他们在互联网时代如何能——或者实际上是如何难以——恋爱。因为不再能恋爱，而数据科学家又无法解决这一问题，他们便转向了精神分析家。

在引论中，玛蒂娜·伯德特开宗明义，阐明其研究领域：

> 前述案例一致表明，一种新的爱情秩序诞生了。在这种秩序中，相互发生关联的彼者已变成一个没有个性的某人：平庸，可替代，可交换，

(1) Ferguson, N. (2018). *The Square and the Tower: Networks and Power, from the Freemasons to Facebook.* New York, NY: Penguin Press.

类似一种一次性消费品。在这种爱情秩序里，连接（connection）取代了关系（relationship）。

她认为，这种新的爱情秩序正好可以通过对"love"（爱）这个词进行嫁接来体现，即用一个 @ 符号代替字母"o"，变为"l@ve"。这种洞察力真是绝了！用这个新词来表达数字文化与我们的感受、人与人的关系，以及整个世界构架的整合，真是再贴切不过了。

符号 @ 在西班牙语中译作"arroba"。这个词源自阿拉伯语，意为一个度量单位。它是一个方位词，表达一种关系或一批货物在某个地方——在本书的语境里则指一个服务器。这种造词方式也曾出现在一本描写中世纪意大利商业的作品中，事实上，研究那段历史的一位学者凭着类似的洞察力，写过一篇题为"L'icon @ dei mercanti"（商务图标）的文章。[1]

在"l@ve"中使用 @ 符号就像是一种嫁接，将数字世界和爱情世界的两种概念秩序结合在一起。此处，还是有必要澄清一下"嫁接"（graft）一词的含义。自古

[1]　乔治·斯塔比莱（Giorgio Stabile），意大利罗马萨皮恩扎大学（University of La Sapienza）科学史教授。

以来，嫁接一直是一种用来人工繁殖具有商业价值的蔬菜的方法，以提高它们的品质，防止它们灭绝。这种方法是将一种植物的一部分组织与另一种植物相连，以使两者作为一个单一生物体生长。从定义上来说，这个过程具有积极价值，该术语的医学含义也是如此。

这种积极的价值在本书主题的语境中却不存在。带有@符号的爱情创造了一种新的爱情秩序，彼者在这个秩序中失去了品质或价值，变得平庸且可替代。网络对人类关系的渗透(以及在关系中使用网络)隐含着一系列的后果。本书作者对此进行了巧妙的探索，并作出负面评判。如果关系中的彼者失去了品质或价值，并且很容易被替代，那么"嫁接"这一源于植物学的概念——保持植物的价值并提高其品质——就在很大程度上变味了(denatured)。

"变味的世界"一词准确表达了@符号象征性加入爱情世界和主体的内在生命的后果。伯德特对此作了一一列举。机器变成一种替代性客体和个人身体的延伸，因而具备陪伴性客体的价值特征，变成一个"赛博乳房"，它悄然运行，无论是持续相伴还是按需提供，都制造了一个假象。这个假象允许人们否认无助，即弗洛伊德式的无助状态（Hilflosigkeit）。

变味的世界提倡一种虚假的自主性，否认孤独，并利用永久性的公开展示，在绝望中寻求一种永不满足的认可。它混淆视听，将时间模糊在一个连续的虚构的存在中，过度且无节制地增加外部和内在的兴奋，传播色情，割裂性与情感之间的关系，把情感变成单纯的商品。防御机制中的分裂机制多于压抑，使得解离、破碎的心灵变得越来越多。爱的客体被赋予恋物癖式的价值，因为一个物品的价值可以等价于其他任何物品。

在"作为爱的客体的小装置"一章中，伯德特向我们介绍了更多当下的新鲜话题。我们发现自己置身于一个将小装置作为爱的客体的场域，一种虚拟现实的场域——她所说的一个"新现实"（new reality）。她通过与精神分析家胡利奥·莫雷诺（Julio Moreno）及其著作《精神分析的审视》（Psychoanalysis Examined），以及与其他作者的对话，强调了图像如何在虚拟现实中使人产生错觉，让人错将图标当成一个存在且在场的客体。以这样一个客体为前提，构建一个基于连接范式而非表征的未经检验的认识论范畴的假设便得以成立。这些把我们团团围住的"新现实"已难以用传统的概念工具加以描述，而正是伯德特、莫雷诺以及其他作者的思考，为精神分析及其他学科打开了一个令人振奋的新视野。

最近，在一个专门从事文化变革和基于数字时代挑战倡导文化创新的网站上，出现了一个标题——"过往的平常和真实均已不再"。虽然伯德特自谦不是专家，但她对大数据进行检视时，准确指出了一个潜在的系统性风险，即该系统通过数据关联凸显了多数人的"真相"，而并不强调和分析数据关联得到强化背后的原因。

通常可以用五个"V"来描述大数据：数量（volume，大量数据）、速度（velocity，以极快的速度生成数据）、多样性（variety，数据的多样性）、价值（value，进行预测分析的可能性）和准确性（veracity，数据的可信度）。

数据分析家认为，从数据的分析研究中获得知识和利用价值是可能的。然而，数据本身代表了一个无差别的和无声的集群，除非有人通过特定的意义识别语言知识模型、词汇聚类模型，以及多维统计技术，才可以让数据说话。因此，有必要添加一个必不可少的元素，即使用基于归纳法的推理程序进行数据分析。这一程序不会优先考虑已知的假设，而是允许提出新的假设。它将优先考虑数据调查的启发性价值。这个主题在"作为爱的客体的小装置"一章中有所论述。

总而言之，本书涉及的问题和举例都是非常有趣的热门话题，值得大众阅读。

豪尔赫·卡内斯特里（Jorge Canestri）

欧洲精神分析联盟前主席

♥

　　人类已经把征服自然的力量带到了这样的高度，通过使用这种力量，人类现在可以很容易地将彼此消灭到只剩下最后一个人。他们对此一清二楚，他们绝大部分的不安、沮丧和恐惧情绪都来源于此。现在可以预期的是，两种神圣力量中的另一种——永恒的厄洛斯（Eros），将拿出他的力量，与他同样不朽的对手并肩同步。但是谁能预见会有怎样的成功，又会造成怎样的后果呢？

——西格蒙德·弗洛伊德（Sigmund Freud），
《文明及其缺憾》（*Civilization and Its Discontents*），1921

♥

　　人们现在还会陷入爱河吗？还是这已经变成一种无序的、多余的机制，一个怪物，就像蒸汽机……？

——J. M. 库切（J. M. Coetzee），
《耻辱》（*Disgrace*），1999

♥

爱情是自我（ego）的社会基础。

——伊娃·易洛思（Eva Illouz），

《爱，为什么痛？》

（*Why Love Hurts: A Sociological Explanation*），2012

♥

我们的世界既无处不在，又缥缈无垠，但它不是身体存活的地方。

——约翰·P. 巴洛（John P. Barlow），

《赛博空间独立宣言》

（*A Declaration of the Independence of Cyberspace*），1996

1

司空见惯的故事

在各种相亲网站上，一位来自比弗利山庄的大人物（Gentleman）突然出现在网页上，他看上去既善良又有礼貌。通过网页上的聊天框，他把自己想要的生活告诉安娜（Anna），还说想要成为她的爱人。他承诺某天就会来探望安娜，很快，很快；他还保证，在这个月底之前，他就会搭上一架飞机，跨越分隔他们的一万公里，与她相见。

而安娜告诉他，自己并不想找他这类人，她更愿意去找一个随时可以会面的人，喝杯咖啡，看场电影，聊聊天……

他很确定地说，自己会成为那个人，他很快就会来到她的身边。他现在的工作是陪同一位美国百万富翁，不过他准备马上辞职。他说这位巨富老板现在病得很重。

这很奇怪。两个人原本并不认识。不过，当安娜指出这段恋爱的荒谬，还有他们之间那些甚至在关系开始之前就要面对的天然困境时，他就质问安娜是不是想要摧毁他内心因存有爱她的可能性而被唤醒的幸福感。他详细描述了个人档案照片上的她有多么美丽动人。安娜说两人相隔实在太遥远，甚至说不同的语言。在安娜描述自己的个人需要和生活环境时，他给她打来了电话。

他平静、理智、令人信服地描绘了一段未来的爱情。就在 20 分钟之前，这段爱情还不存在。他向她讲述自己的工作、生活以及自己的孩子。他的言辞中带有一种信念，一种奇怪又异常笃定的信念，以致她在听完后笑着答应了：或许可以尝试这种冒险，万一成功了呢？

第二天他又打来电话，谈论自己多么想搬去安娜所在的地方开启一番事业：他想自己创业，最终她也可以加入。安娜无法理解这种仅凭一张资料照片迸发出来的激情。最重要的是，她无法理解，这位来自比弗利山庄的大人物竟然在完全不认识她的情况下，仅凭电话里的声音和一张照片，就能编织出一个爱情故事和一种未来生活，而这一切仅仅发生在几小时或几天里！

最让她心潮澎湃的是，她开始梦见他了：梦见他过来看她，构筑一段崭新的爱情；梦见自己对这段感情坚信不疑，对新的生活坚信不疑；梦见她为他的事业忙前忙后。他将成为她的一切——就像这位比弗利山庄大人物说的，她也将成为他的一切和他的家人。这是一个真实的梦：对绝对幸福的承诺。

当安娜和比弗利山庄大人物通过 WhatsApp 传送简讯，在这确信无疑的爱情基础上打造梦想时——当然，因为有八九个小时的时差，他们也在方便的时候通过这个小程序拨打语音电话——她仍像往常一样，独自应付着生活；而他，天知道，也在过着自己的日子——她对此所知甚少，或许也充斥着孤独吧。她会把散步时的风景拍成照片发给他。这成了她孤独时的陪伴。她感觉自己被包裹住了，被这个陌生人，被他电话里的声音，还有他对爱情和未来的美好承诺。

这个故事开始于一周前。有一天，比弗利山庄大人物没有打来电话。安娜感到痛苦和难过。她喜欢这位大人物的照片。即使这张照片可能并不是他本人，她依然喜欢。她喜欢每天与他聊天，喜欢他的声音和他对幸福的承诺。现在，她因某种甚至可能并不存在的东西而感到极度空虚。她感到心很痛，为一簇愚蠢的火花消散，为一个绝对之爱的承诺破灭，为激情的泯灭，为那句"我这就来接你，我们两个都会幸福"的誓言化为乌有。对一场不可思议的无可置疑的爱情的承诺，在安娜心中崩塌，令她痛苦万分。

曾经，孤独的她感觉得到了陪伴。在她"在别处的身体"（there-body）里——也恰好因为身体的缺席——一种激情喷涌出来，在她内心闪耀。很多赛博格也是如此。

正如我在许多案例中见到的，安娜最后会告诉自己："好吧，我们甚至都不认识彼此。"随后，她会回到约会网站，迅速让另一位男士来弥补这段不得不经历的强烈哀伤，哀悼某种从来不曾存在的东西。它曾承诺一个浸润着爱情的圣地，可以与另一个人融为一体的天堂。它是所有人类始终在寻找却已永远遗失之所。它是具主体属性的彼者（the other）[1]缺席的恐怖世界，脱离现实、

---

[1] "the other"表征着丰富的意涵，既指两人关系中的另一方，又指三人关系中的他/她者；既指母婴关系中的母亲或内在世界的规则，又象征着父亲或外部世界的规则。与霍大同先生商议，本书中译为"彼者"，以此涵盖二元关系中的对方及三元关系中的第三方。——译者注

怂恿人们幻想回到失乐园（paradise lost）的疯狂世界。

安娜从未见过这位比弗利山庄的大人物。为了这场虚拟的爱情,安娜在前一周充满希望,在后一周则全是悲伤,这种体验无比真实。一些事情从未真正存在,却又如此令人悲喜交加,至少对安娜确实如此。但对他们来说,这位男士究竟是在与谁聊天呢?他许下承诺的对象,不就是那位被他投射了自身欲望和需要,被他理想化了的女士吗?这就是站在理想化视角的异我（alter ego）,浸泡在自恋之中,并对其他所有人的独特性不屑一顾。

声称正在热恋的约会里,恰恰不见了爱情与彼者的踪影。

* ♡ *

德克（Dirk）的日子过得很糟。他对手淫、看色情视频和"约炮"上了瘾,这些约会邀请不断通过智能手机推送过来。他的手机从不离身,总是放在衣服口袋里。

德克再也忍受不了这样的生活。这是他在我们初次访谈时表现出的样子。他觉得过度兴奋的情绪已将他淹没，降低了他的专注力。如果被家人发现他的行为，他可能会失去他们。他也认为嫖妓是在浪费钱，但他觉得沉溺在一连串的情爱关系里是为了释放性冲动。性冲动必须立即释放，不能延迟一分一秒。

德克形容自己是一个"通电天使"（un angel electrico）[1]——永远紧张而疲惫，仿佛手指插在电源插座里。他每天都会在订阅的各种交友网站上更换自己的个人资料照片，充分利用互联网提供的各种资源：大量的色情制品、随时安排约会的可能性、持续的性欲当下主义（presentism），以及一种能够拥有一切的永恒感，包括对女人的拥有。

德克饱受这种持续的性唤起的折磨，但他说，这样至少让他感觉自己还活着，而不是像他抑郁的母亲那样像个死人。他可以做一个对社会有价值的人，但他无法让自己相信这一点。他无法集中精力。即使与朋友做着同样的工作，他仍觉得自己比朋友差。他的风度和他的紧身衣都十分引人注目。他的身体轮廓像个潜水员，让我想到他整个人象征着一个

---

(1)　出自阿根廷乐队的歌曲"Ángel eléctrica"。该歌曲以隐喻的方式，以"通电天使"比喻静电或闪电，代表绝望与挣扎的结合。——译者注

巨大的勃起的阳具。他是不是将身体里他认为得不到任何人承认的东西进行了人格化，而这个东西恰恰是他陷入自恋时才拥有的某种受到尊崇的阳具力量呢？

除了他孩子的母亲，德克还总是对其他女人充满欲望。他来找我时，已经深陷困境。他每天都会和不同的人会面一次或多次：对象一般是妓女，或是在约会网站上找到的女人。他的性瘾正在不断加深，行动也成倍增加。他已经跟不上自己的节奏了。他沉溺在自己不断增长的强烈需求中，活在一出真正的剧本里。他很痛苦。他再不能继续这样下去了，但他无法阻止自己。他活在同一件事的重复之中而无力挣脱。

德克活在一种永恒的痛苦的当下。互联网及其工具已成为他的同盟，增强了他的"毒瘾"，向他提供时光不会流逝的错觉、永不停息的冒险建议，以及不用经历深切哀悼就又可获得陪伴的可能性。德克收集一个又一个女人，就像在收集项链上串着的珍珠。

德克就像一个始终处于亢奋状态的疯子，对他而言，任何客体都可以失去，关系中的彼者已无足轻重。爱神厄洛斯（Eros）已从约会里消失，让位于性欲的释放，仿佛那只不过是一项体育运动。网络提供了无尽的毫无品质的客体。德克并不关心这些客体，它们也不是他渴望的，只能给他紧张的神经带来片刻解脱。这些客体彼此之间大同小异，尽管无法提供真实、彻底的满足，却会满足并增强他的性瘾。压力必须释放，不然人就得完蛋。

德克对待网络的态度是自相矛盾的：既想冷静下来，又想激起更多性唤起，竭力让自己感觉还活着，但求而不得。他一再重复着"唤起—释放—唤起"的恶性循环。为想要纯粹、原始性爱的人群设计的特定软件让他被持续唤起。照片一张接着一张。他用指尖轻点一份个人资料，就是它了。只有这个还不够，他还得再继续。对这个当代西西弗斯（Sisyphus）而言，所有女性都值得他花费几个小时来"猎捕"一番，但这些女性对他而言没有任何意义，都得让位给下一个女性。因为没有一个女人能给予他寻找的东西，就像是毒品——他必须立刻找到下一个剂量，即另一个身体，来释放自己。

对德克来说，这个唤起性欲的网络给了他一次机会，让他为自己重新设计了一个有性欲的和有性唤起的母亲，来替代童年那个抑郁的母亲。在德克承认自己抑郁的同时，他的母亲也在用她抗抑郁的角色刺激他。对德克来说，互联网恰到好处地完成了这些自相矛盾的任务。宽慰和毒害同时存在。宽慰是因为它陪伴他，令他兴奋，帮他恢复活力；毒害是因为它让他伤心，并把他推向不经任何思索就寻求释放的深渊，被没有实体的女性伴侣淹没。用来释放性欲的方法也让他变得更糟。这是一个纯粹的悖论，提供释放的彼者仅是一剂令人兴奋的止痛剂，却与这个彼者本人无关 [这里不仅指拉康所说的象征性的大他者（Other），同时也是更通俗的意义层面上的另一个人，一个具有自身个性和复杂性的人]。

* ♡ *

阿妮克（Anik）就像活在情绪跷跷板上，起起伏伏，天天如此。情绪的起伏取决于她每天在 Facebook 上收到的点赞量。她认为自己有写作天赋，每天都在网络上发布日常故事或评论。事情很简单：今天是陷入无价值感还是感到幸福与狂喜，取决于她是否成功，而成功与否取决于当日获得的点赞量。如她所言，点赞量代表她被人喜爱的程度。她同样在意自己发布的个人照片和帖子在网络上的受欢迎程度。她直言不讳：我唯一在意的是被爱，被每个人喜爱、关注、赞扬，就像一个演出结束后的明星，在网络上被关注和点赞。她一遍遍地重复：我想要得到很多很多的点赞。她清楚地知道，她只想要一个可以全天无休帮她提高自尊的伴侣。

2

引　论

爱情必须被改造，但也必须被捍卫，因为它受到来
自各方面的威胁。

——阿兰·巴迪欧（Alain Badiou），

《哲学宣言》（*Manifesto for Philosophy*），1989

前述案例一致表明，一种新的爱情秩序诞生了。在
这种秩序中，相互发生关联的彼者已变成一个没有个性
的某人：平庸，可替代，可交换，类似一种一次性消费
品。在这种爱情秩序里，连接（connection）取代了关

系（relationship）。我将围绕这个重点，阐述我对当下互联网时代的爱情的思考。

无论从哪个角度看——从如今这个缺失了肉身的世界的角度，从以永恒的当下主义为标志的暂时性的角度，从性兴奋摧毁了传统的性与爱的和谐并淹没了整个个体生活从而导致创伤体验的角度，从色情制品泛滥的角度，从在媒体和互联网上寻求认可的新暴露狂现象的角度——我都终将确认以下结论：对爱情的愤懑以及"交换关系中的彼者"之无足轻重均将日益严重。这是一个新的现象，已初具雏形，并变得越来越普遍。

正是基于这个原因，我在写"am@r"（西班牙语，即英语"l@ve"）这个词的时候，加入了一个 @ 符号，力求词形传神而牺牲了语法的正统性，将语言及其潜在含义进行混合，以彰显这个你我都沉浸其中的世界。在这个自拍时代与互联网时代，当 @ 这个符号刺穿了"am@r"或"l@ve"，纳喀索斯（Narcissus）这个代表着蔑视彼者的负面版本的自爱原型获得了成功，而厄洛斯这个代表着对彼者之爱的自爱原型正在死去。比起爱情，关注者（follower）或单纯的性更受大众欢迎。一个新逻辑正在形成：我爱我自己，你爱你自己，这就是现在我们相爱的方式。箴言"被看见或死亡"是现代的爱情法则。在对一个不同的彼者的爱情被倒空的时代,我将我的思考奉献给爱情。爱神厄洛斯已将它的位置让渡给关注者。

*　♡　*

近来,我的咨询室里开始充斥各种各样的噪声:每当我的来访者忘记关掉手机,手机上的 WhatsApp、SMS、邮件等就会发出各种信息的提示音。电话机的铃声不再响起,取而代之的是我收到的别人留给我的各种简讯,如 Skype 上的留言,当时我十分不习惯。

交流方式的变化迅速而惊人,病人的话也印证了这一点。他们会说:"我想告诉你,今天我在约会网站上认识了一个人。"我开始意识到,有一半的来访者,以及所有的年轻人(除了少数例外),都订阅了约会网站。约会网站作为一种途径——和任何其他方式一样好——与他人取得联系,与陌生人开始和结束一切,包括爱情、错觉和伤心事。这些人只是在网上认识,或者先线上交流后线下会面。会面时,他们通常会发生性关系,然后根据彼此之间的"化学反应",决定是否要再次与对方见面,而通常他们不会再见面。有时,他们甚至不会留下这个"伴侣"的电话号码;有时,他们甚至不知道对方的名字。这就是"一夜情"。性的过程中很少交谈,甚至完全沉默。

有些病人与约会网站上遇到的对象结婚了。也有些人会打电话给我,就像在惊恐发作时拨打紧急电话,因为为了一个约会,他们不得不持续查看数不清的聊天记录并和数不清的网友调情,进而引发性兴奋的爆发式唤醒。

这些关系正在发生变化,每个人都在关系中相连:这场由互联网带来的令人惊叹又令人烦扰的网络革命,已经大规模渗透进人类的关系。它已经侵入我们当代生活的所有领域,包括爱情和情感关系。[1]情况不同,造成的后果亦不同。

爱情和人类主体性的建构来自个人与社交媒体之间的辩证法。从社会学、哲学到艺术,无不在宣扬爱情的终结以及爱情带来的痛苦。我也将以精神分析家的特定身份来讨论厄洛斯缓慢加剧的痛楚。

---

(1)　　见"3　互联网时代的爱情:心灵与社会的对话"。

如今，《会饮篇》（*The Symposium*）中的柏拉图式爱情的概念还剩下什么？一种指向美的概念的爱情，反过来又打开了通往智慧的道路？浪漫的爱情，即使不被视为完全荒谬，现在也已经过时了。正如库切所说，是"一个怪物，就像蒸汽机"。

取而代之的，是一种摆脱了家庭束缚、道德规范和生殖繁衍的直白的性欲，伴随着当代流行的价值观念，如对权力和财富的崇拜、美貌、无限享乐，在街边求偶或线上"约炮"。

尽管我相信每个人深层的渴望依然是爱与被爱，但坐在精神分析家的椅子里，我不断看见，当爱情失败时，自我如何在失恋面前分崩离析，就如弗洛伊德在一个世纪前《论自恋》（*On Narcissism*）（1914）一文中提到的那样。我在一段关系中也观察到同样的影响，这段关系甚至在主角们能亲自了解彼此之前就已破裂，即便这段令人意乱情迷的网络激情可以持续几个月，但"身体"这个概念依然缺席，但或许也恰巧因此才让关系维持了几个月，就像我在前文提到的阿妮克的故事。

爱情和精神分析意义上的心理性欲（psychosexuality）——与情感相连的性已经改变，其表现正在不断变化。当爱情和心理性欲在屏幕后面无形地展现时，或者当它们变成只为释放自我，或向客体、他人证明自身价值的粗鲁的性爱或无尽的冒险，而这些客体、他人如同全球超市中供人挑选的一次性消费品时，它们已变得难以辨认。

大量的邀约，生硬的网络求偶，以及无限制获取免费色情片的新现象，意味着爱情和爱情中的彼者——直到最近才被称为"伴侣"——清空了自身的原意。当目的逐渐变成释放性紧张时，这个"多情的"抉择——我在这里加了引号——用以释放自身过度兴奋的客体，就变得无关紧要了。

西班牙语"am@r"和英语"l@ve"都带有一个@符号：它们通过这个符号蜕变。显然，这个符号指的是以互联网为标志的最近一次巨大变革所跨越的某些爱情形式。这是一个新的奇迹，以我们甚至无法想象的永无止境的可能性持续让我们感到惊讶。这是一个可以征服、迷惑或者异化我们的新世界。这个新世界并不是我思考的轴心，除了爱情关系对它的利用——无论好坏。

尽管我个人惊讶于手掌大的智能手机的功用竟然可以和电脑一样：这个神奇的小装置可以预报天气或用作百科全书，甚至只要我愿意，就可以与世界各地的人联系，不管白天还是黑夜；但同时，作为一名精神分析家，我认为，当下的世界迫使我们思考，去理解我们沉浸于过度兴奋的新现实的心灵。拜这种现象所赐，人类关系，特别是爱情关系，已经彻底改变。

一个人带着一种想要与人接触的请求开始使用网络，用一张资料照片作为对自己整个人的定义。这张照片会被审视，这个人也会被观赏。露阴癖和窥阴癖得到强化，而亲密的概念开始走向消亡。这是一个连续播放真人秀的时代，这些节目缺乏质量，但能让渴求观赏的公众感到高兴。

在其他情况下，性关系呈现出前所未有的面貌：与设备（如机器、电脑、智能手机、屏幕等）建立起一种革命性的关系（有时是情绪化的）。这是个矛盾的世界，我们与他人的情感联结变得松弛，与机器或装置的情感纽带则变得更加牢固。

如今，具有质感和声音的机器可以超越它本身的支持功能，并在某些情况下作为替代性客体为人们提供服务，作为一种身体的延伸，作为陪伴。爱情与欲望被这个机器唤醒，并投射在机器之上或隐藏在屏幕之后。我们与机器和机器人的关系在不断发展，从它们的质地到它们的内容，基于它们对我们的身体、幻想和沟通方式所发挥的功能。这些关系引发人们反思身体和心灵在这些新的关联系统中的作用，也让人思考在一个可能的无形的爱情时代的躯体概念。[1]

爱情与新技术相关联之后，沉浸在极度性唤起和性唤醒的社会之中的心理性欲将如何被构建？对这些问题的思索在一个精神分析家的脑海中回响，并不断叩问：是什么导致性与爱或温柔之间关联的失败？

在互联网时代，爱情要么绽放要么湮灭，要么生长要么消逝。这就是互联网这一令人着迷的新工具的矛盾之处，它越来越多地被用于自恋的目的。联系别人可以让我感觉到陪伴，让我感到舒缓、兴奋、沮丧、安慰，让我感到自己重要或像一个无名小卒。拥有关注者和收获点赞，等同于获得成功或失败的镜像自恋功能。互联网可以让人兴奋，让人得到安抚，可以引诱人，也可以让人感到恶心，这一切都取决于它的用途或使用者。

如今，网络具有的"24×7"全天候无间歇使用的优势，使得人们再无法谈论丧失或分离，特别是当有可

---

[1] 见"7 作为爱的客体的小装置"。

能在网络上找到失去之物的直接替代品时。这些替代品通常起到抗抑郁药的作用。人们倾向于表现得像是从未失去过任何东西，仿佛一个人可以填补另一个人的空缺。仿佛失去的这个人可以等同于另一个人，人就像一件商品。这个事实似乎与"自我享乐"的社会趋势有关，而且是无限制的享乐。别再让我受苦了！这个超现代时代（hypermodern era）狂热地叫喊着："把握现在，纵情享受！（carpe diem，enjoy!）"尽管他们也知道，悲伤是人类的条件定义的一个关键组成部分。

如今，人类似乎拒绝他们为人的条件，即拒绝人类健康结构中必然的悲伤天性。正因为母亲时而缺席，而所幸这是一种可承受的痛苦挫折，心灵才能从最初的母婴关系中建立起来。一个无论白天还是黑夜都在吮吸母亲乳房的心灵是无法得到构建的。而现在，一个人可以整天或一天大多数时间里抓着"赛博乳房"不放，以变得兴奋和放松，避免抑郁，或感到强大。

只需要点击一下，整个世界，携其所有知识和数百万人，无论白天黑夜，供你随意挑选。科技助长了一种幻想，即人的嘴里可以始终含着乳房而永远没有饥饿感。实际上，这就等同于欲望、幻想和思想的死亡。这也可以用来隐喻恒久的性唤起。

在智能手机上，约会网站生机盎然。数以百万计的图片只供一双眼睛挑选。这是一种不相称的力量感、永恒感和陪伴感。一场针对曾经的线性的暂时性（once-lineal temporariness）的革命正在爆发。这种复杂情形里浓缩着一种宏大的感受，包括对权力的错觉、对疾病原因的理解，或是对康复的幻想。在此情境中，忧郁、重度抑郁和成瘾行为开始爆发，这恰恰揭示了那些未能得到倾诉也无法得到缓解之物，因为它们无法在如此满负荷的情势下被倾诉。没有休止的满负荷与缺乏真空的满负荷是一回事。[1]

按照定义，人类是肉体凡胎，是所有群居动物中防御能力最弱的一类，是在生命初期缺少成年个体的支持就会死亡的生物，这是人类与生俱来的终生标记。然而，互联网具有瞬间汇集所有知识和几乎所有可能的联系人的卓越能力，它也在无穷的情境中制造了一种海市蜃楼，仿佛人可以逃离为人之条件的枷锁。它提供了一些误导性的元素，让人幻想自己可以无所不能，可以战胜或否

---

[1] 见 "9 此时此地之境"。

认幻想所违背的东西：因情感脆弱而产生的良知，以及源自我们生命最初的不可磨灭的依赖性。这种依赖性拜第一个照料我们的成人所赐，而这个成人通常是我们的母亲。

人类创造了各种防御机制与这种依赖进行抗争，并拥抱独立的理念——以其新力量统领当代社会。他们远离各种感情。根据其使用方式，互联网可能促进了爱——总是会削弱和伤害——与性之间日益增加的距离。在涉及无人之爱（bodiless love）时，互联网不再受限于身体的阻碍，而催生不受控制的激情。屏幕之后诞生的赛博激情（cyberpassions）划出新的界限，而且允许破除压抑。互联网允许我们摆脱人类种群特有的健康的脆弱性和彻底的无力感。在这种情况下，互联网使得人类以一种宜人且病态的方式更新为人的条件。

因此，个体要么倾向于隐藏自己，要么更多地展示自己。在这些APP里使用假名、虚假经历、理想化的替代世界，把一个昨天的神经质家庭小说当下的恢复性的自恋变体变成自己的《第二人生》（*Second Life*）⁽¹⁾的变

---

(1)　《第二人生》为一款虚拟网络游戏。——译者注

体；或者试图展示自我，试图重造一部个人史，把自己与原生家庭相剥离，作为从早期创伤中幸存下来的手段。

由于母亲或父亲在早期养育中存在失误，当最初的彻底的依赖性伤痛让人觉得难以逾越，互联网可以帮助一个人弥补在早期关系中遭受到的关于自恋、自尊和镜映（specularisation）的缺陷。这也是互联网的另一面。互联网和各种 APP 允许我们逐渐逃离爱的纽带和彼者（减少面对面的接触），而根据人类的定义，我们来自一次令人向往的结合。我们从身体中诞生，与原初的母亲客体携手并进。

在人类社会的任何地方，过度兴奋都具有创伤性，因此，当我们原初的爱的客体，也就是我们的父母，未能以最低限度的令人满意的方式安抚、理解或照料后代，以培养他们的独立性和心理发育时，这种创伤就不会少。对立的心理力量之间的联结发生在生命的早期和必要之时，这要归功于原初彼者（母亲或父母双方）肩负的任务，他们为孩子的前语言期赋予了意义和回应，运用所谓的辅助兴奋功能（paraexcitement function）帮助孩子舒缓情绪。然而，我们在咨询室里见到越来越多的是，这些个体生命中最初的彼者，往往没有发挥其联结功能（linking）、辅助兴奋功能（paraexciting）、保护功能（protective）以及抚慰功能（soothing）。

因此，当婴儿与彼者的首次相遇失败——在与充满性唤起并且缺乏边界的世界的永久对话中，据定义，这是创伤性的——互联网赋予这个人从未有过的外表、声音和词语。互联网可以给人一种替代性贡献的错觉；它具有恢复功能，并构成过渡空间，而无从判断其修复的质量。这是自我繁殖（self-procreation）这一革命性能力称霸的时代，[1]一个表面上进行自救（self-help）的矛盾时代。自救像是一种绝望的哭泣。这是一个值得讨论的话题，要求我们质疑常态与病态之间的界限的概念。

如果人类与其先辈初次相遇的体验不令人满意，就会构成存在的创伤源，构成早期的创口，构成难以治愈的痛苦，甚至构成逃离所遇见的第一对成年人——父母的渴望。从心理学的角度来说，当一个无助的个体无法得到成年人的惦念，这就是一场真正的灾难。这种灾难指原初彼者（the first other）无法将生命力紧紧地与破坏力绑在一起，导致爱神厄洛斯和死神塔纳托斯

---

[1]　见"8　自我繁殖：被看见或死亡"。

（Thanatos）之间关系的分裂占据上风。这会产生一种心理，即只渴望不再渴望彼者，或是渴望减少或停止向彼者、其他对象，甚至是自己投注情感。用安德烈·格林（André Green）的术语，这种现象可称为"祛对象化"（disobjectalisation）（Green，1983）[1]。

今天，互联网公司遭遇失败之后，硅谷涌现出许多新的商业提案，认为存在"自我生产"（self-generate）的可能性，即让每个人成为自己生活的创作者，暴露自己，公开展示自己，仅需几秒钟的时间，就可以将这些内容发布在网上。这开启了一种全新现象，内容的质量变得不再重要，重要的是内容的自恋性；它具有赋予个体力量的识别功能，允许个体尝试且作为一个主体而存在；它拒绝过去，也拒绝可能并不令人满意的，因而令人痛苦的客体；这些全部是以一种连续爆发而不是普通的转瞬即逝的方式存在，意味着发展的概念和归属感在代际链中的地位。

深层心理学认为，个体若在自我尚未形成的早期阶段遭受过重大伤害，便会产生奇怪的性欲形式：新性欲

---

[1] 见"5 过度性唤起与创伤"。

（neosexualities）及带有婴儿期特质的性欲。性行为的生殖意义变得不再重要。在这种情况下，个体有了其他的重要目标，如能够作为一个精神主体存在。

这就是越来越多的人热衷于在网上寻求点赞的原因。不管在哪里（Instagram、Facebook、Twitter[1]、公开网页、真人秀），确认自己被关注，被注视，成为存在的发动机。点赞会导致自我形象提升或降低，就像股市里的股值。这就是开篇中阿妮克身上发生的事。这是无关紧要的令人迷恋的物品和一系列异我称霸的时代，异我只在意点赞并会促使点赞越来越多。紧盯屏幕和点赞通知变得像原初客体母亲的凝视那样至关重要，一旦消失，或者准确地说，正因为这种消失，它才变得如此戏剧化。从这个意义上讲，新的互联网时代在培养自救文化的同时，也助长了沉溺的快感或自恋的快感。所有的成功人士和名人无一不在公众视野之下，他们的失败也是公开的。这种影响是巨大的，会导致失败者沉沦。

问题在于，无论一个人的观点如何——性变成一种强迫行为，爱情与欲望相分离，或祈求认可——约会里

---

[1]　　2023 年 7 月更名为"X"，本书与原文保持一致。——译者注

缺少了一个有分辨度的彼者，这个人因其不同和复杂性以及自身的特质而被渴望和爱慕。如今，这个彼者本身作为一个实体经常被弱化，而这个原本应为实体所在的位置上，出现了多种形式的替代选择、自我崇拜和露阴癖。关注者都是匿名的，而其价值在不断攀升，因为现在重要的是被看见、被关注，当然还有被连接。一切都如此频繁地被量化，以至于在这个由"连接着的单体"组成的时代（Zafra，2017，p. 51），那些展示自己的人，那些被看见的人，都冒着变成纯数据的风险。主体与客体一样，都已经"变成数据"（Zafra，2017，p. 36）。

我在这里讨论的爱情，指当今爱情的一个特定方面。在与网络和媒体的对话中，爱情的这个特定方面发现自己走进了一条死胡同。在那里，一个人因早年创伤和环境创伤而逃离彼者，不停寻找暂时的抚慰工具，用数量而不是质量来抚慰自己的同时，麻烦也滋生了：这是一段设定在自恋失败的复杂情势中发生的爱情。当爱情中的彼者痛苦时，每个爱情都会痛苦。彼者是待爱人去探索和了解其特殊性的宇宙。一个人能够被另一个心灵挂怀，才会产生带有疗愈性质的回应。但在当今的爱情中，这种回应并不存在。从这个意义上来说，精神分析代表了一种专用工具，既可用来理解，也可用来帮助这些淹没在特定现实中的心灵。

我在撰写本书时满怀爱意，有对人类这个从出生起就绝对无助且被标记为凡胎的族群的爱，有对渴望理解我们所处的时代的爱，最重要的是，有对我的病人的爱与感激。他们每天都在召唤我，让我迫切地思考他们的心理现实、他们的故事，以及他们在这个不断变化的世界中的伤痛。

3

互联网时代的爱情：
心灵与社会的对话

从一开始，个体心理学就是群体心理学。

——西格蒙德·弗洛伊德，

《群体心理学与自我分析》

（*Group Psychology and the Analysis of the Ego*），1921

心灵与社会之间存在一种不可避免的紧张关系。

正如弗洛伊德在大约一个世纪前指出的，忽视社会变化意味着拒绝承认一个事实，即任何心理学都是社会心理学。爱情和情感纽带一直经历着历史的修正。内在主体性（intrasubjectivity）与主体间性（intersubjectivity）处在永恒的对话之中。人在一个以不同的理想和禁令为标志的特定社会中被塑造。然而，有些人类固有的东西是保持不变的，如人类后代出生时彻底的无助状态，以及先从生物学层面再到心理表征层面对母亲（或父亲）一方持续的依赖性。

就像发生在蒙田（Montaigne）和拉·波埃西（La Boétie）之间"因为有他，因为有我"的故事，令人费解的、被理想化的、浪漫的伟大爱情被赋予了最高价值，在我们的时代经久不衰。如今，除了一些例外，这种浪漫的爱情已被淘汰，一种新的爱情秩序强势登场，并以连接和对供求增加进而能不断更新艳遇的幻想为标志。

根据我的理解，我将探寻的三条主线都在影响着我们在当今这个网络时代对爱情、爱情纽带和性欲的构想，或者说对心理性欲的构想。对精神分析家而言，"心理性欲"这一术语包括性、欲望和情感，而在当今这个互联网时代，心理性欲则包括20世纪初出现的精神分析、女权运动、互联网革命。当下这个以新技术呈指数式发展为特征的时代，其根源在于之前发生的重大变化，并与之交织在一起。

精神分析

在一个世纪以前,精神分析革新了关于人性的观点,即人类具有潜意识,因此人并非自己房子的真正主人。精神分析还提出早期婴儿性欲的存在,即所谓的多态倒错（polymorphous perverse）：这对每个人的婴儿期发育而言都是完全正常的。在最好的情况下，这种前生殖器期性欲（pregenital sexuality）——首先是口欲期，然后是肛欲期,直到俄狄浦斯情结——会被压抑,随着建立与原初客体的关系，开始建立神经症人格核心。如果儿童在其性发展过程中经受早期创伤，其自我将会解离，对性欲的压抑也会失败，这个事实在病人身上被称为"界限"（limits）或"边缘"（borderline）。

精神分析赋予自我一个重要的作用：征服自己最潜意识部分中的领土，并且终生支配其驱力。这是人类有别于动物的至关重要的一方面，也是一切伟大的社会成就、升华和创造力的源泉。

在精神分析诞生的社会，爱情被维多利亚时代、清教徒和父权社会的律法禁锢。尽管时过境迁，创建于一个世纪以前的精神分析概念体系，首先深刻影响了20世纪的整个世界，继而影响着当今社会。从最开始，它就将其发现输出至临床实践领域，对人类文明各个方面进行分析。弗洛伊德本人对精神分析与社会的论述甚多，如《群体心理学与自我分析》《文明及其缺憾》《错觉的未来》《摩西与一神教》《性学三论》《为何开战?》等。

精神分析带来的这场真正的思想革命，已经渗透进当代文化的方方面面。20世纪初，弗洛伊德到美国克拉克大学讲学时，不无讽刺地写信给亚伯拉罕，说他正在把瘟疫带到新世界，指的就是潜意识、性驱力、婴儿期性欲、植根于家庭环境的神经症理论、家庭成员的关系，以及浸润在这种环境中的心灵所产生的表象。

精神分析传达的关于人类的新视角是复杂而矛盾的：由于存在潜意识，精神分析描述下的人类对自己的信心远不如以前所认为的；但矛盾的是，精神分析提出了一个自我概念，它能够征服潜意识世界的一部分，拥有精良的结构，但也会因早期创伤而构建失败。自我被潜意识支配时，是虚弱的；在连接现实中发挥核心作用时，则是强大的。如果人类被潜意识和儿童性欲支配，永远以他们的原初客体，即其祖先的印记为标记，那么他们就不是自己屋子的主人，而且只能变成他们的祖先那样的人；如果他们能解决潜意识的冲突，通过与原初客体的分离——这个爱的客体通常是他们童年时的母亲或父母，他们通常是爱的纽带中潜意识的却充满吸引力的另一端——而逐渐变成独立的主体，那么，这场旅途便意味着要撕裂并超越生命最初的那种彻底的依赖和被动。精神分析创造的概念，已逐渐渗入社会肌理、日常语言、媒体和沟通理论：潜意识、强迫性重复、驱力、弗洛伊德式口误、行为倒错、情结、俄狄浦斯情结，还有自恋，都已成为人们日常话语体系的一部分。

埃伦伯格（Ehrenberg, 2014）在《法国精神分析期刊》（*Revue Française de Psychanalyse*）刊登的名为《自恋、个人主义与自主性：社会及其缺憾》（*Narcissism, Individualism, and Autonomy: Society and Its Discontents*）[1] 的访谈中指出，我们文化中的一种新的不满源于一种新的个人主义，这是一种真正的范式转变。他解释了社会学如何吸收自恋

---

[1]　原文为法语 "Narcissisme, individualisme, autonomie: malaise dans la société"。

这一精神分析概念，例如，先驱者拉希（Christopher Lasch）在《自恋文化》（*The Culture of Narcissism*）（1979）一书中指出，法国社会——其自由、平等与博爱的模式启发了许多其他社会——如何向狂热的个人主义敞开大门，并创造了一种社会与心理紧密交织的环境。

为撰写具有争议的、革命性的《性学三论》（*Three Essays on the Theory of Sexuality*）（1905a），弗洛伊德的理论不仅引入并发展了潜意识概念，还挑战了常态与病态之间旧有的明确对立。弗洛伊德自这本书开始描述性倒错，以及每个正常儿童的多态性欲中的倒错部分。成年人的生殖器性欲其实是一段漫长旅行的终点，或许并不是所有人都能到达，有时只是一部分人的特权，因为人们在旅途中往往会遭遇各种问题，有时发生在他们成长过程中的早期阶段，因此获得成年期生殖器性欲并不应当被视为理所应当。弗洛伊德从一开始就在日常生活中制定其探索体系，也就是说，其理论源自家庭内部、同龄人的关系，以及社会观察［参见《日常生活的精神病理学》（*The Psychopathology of Everyday Life*）（1901）］。这带来了一个巨大的改变：社会本身成为心理学化的对象（object of psychologisation）。

　　自从精神分析传入美国，资本主义自身对其话语进行了心理学化。它从其特定立场出发指向情绪，使情绪适应其目的，将情感翻译成"资本主义的情绪"，也就是说，将心理学应用于商业和社会领域，以便让自己显得更专业。这显然意味着与精神分析的割裂，即使这些灵感最初都源自精神分析理论。社会学领域的许多专家开始建立基于心理学标准的规范，如学校、医院和企业。每个地方都将其领域的心理学化作为自身专业理想。但是，将心理学化变成一种商品，与弗洛伊德当初希望传播的内容大相径庭。正如伊娃·易洛思（Eva Illouz）所描述的，一旦出于职业目的而将情感和情绪进行编码、分类与使用，它们也就变成商品和消费品；这一事实会导致公域与私域之间的差别消除——心理学家也正在研究这一课题，如本书中聚焦自我繁殖的章节（Illouz，2006a）。感谢精神分析，让私域的自我开始展示自己，表达自己，在公众面前呈现自己。更重要的是，它的确是在重述易洛思说的"心理痛苦文化"（the culture of psychological pain）（Illouz，2006a），[1] 这个词的视角来自精神分析，

---

[1]　见"8　自我繁殖：被看见或死亡"。

旨在描述人们如何公开叙述或展示创伤——不过，这个方式是全新的，我认为这是一种范式转变，通过公开展示亲密感而跨越私域与公域之间的沟壑，让个人从私域抵达公众视野——也就是说，消灭后者。实现这一点要依靠一种新颖的所谓疗愈性话语，它使社会浸渍其中。艺术、电影等也将会效仿这种新奇。

美国社会采用的这种新的情绪风格，以疗愈性话语和充斥资本主义特定心理学概念为特征，标志着新律法和新标准创建的转折点。这一现象的明显结果是精神病学在《精神障碍诊断与统计手册》（*Diagnostic and Statistical Manual of Mental Disorders*，DSM）第三、第四和第五版中汇编了障碍与症状清单。同样，在此情况下，自助书籍和各种自诩为新式适应性精神分析短程疗法的数量激增。社会的各个领域都出现了很多宣称擅长沟通，可以提供关于如何恋爱，如何与伴侣、工作、爱人互动的攻略。自相矛盾的是，作为一种理解世界、心理和病理学的独特工具，作为思考人类关系方式的革命的起源，精神分析如今作为一门学科，混在一堆与精神分析无关或不再可识别的学科中，在世界领域范围内扩展。事实上，每个领域都吸收了深层心理学的一些贡献，以便周密定制自身的专业语言和科学技术或互动来理解和管理情绪（Illouz，2006a）。仿佛一切事物都有脚本和配方，皆受到行为主义概念的启发，而行为主义恰恰是精神分析的对立面。

这种革命性的变化也体现在沟通方式上：以前必须倾听，保持安静，并且不发表意见。而 20 世纪 30—80 年代的美国，鼓励人们赞扬特殊的创造力——自尊也依赖于此。

在一个以不确定性为特征的世界，这件事变得非常重要，因为维多利亚父权时代的确定性，即那种不用说一句话每个人就知道该如何行事，如今已支离破碎。

这种现象在当下任何一次对自我创造的公开展示中都可以找到，从一条价值不确定的传言，到一张上传至社交网络的晨间咖啡杯的图片，所有这些都在寻求一个点赞，或者更甚，寻找许多点赞。

精神分析家知道，在"看我正在做什么，我正在喝的咖啡如此美味，我发布的这张咖啡照如此漂亮，在我的咖啡背后，我很快乐"这种暴露狂式的现象背后，许多人在精心设定自我时都在经历自恋出错的折磨，也就是说，追求完美是界限病态（limit pathology）的根源。

如此渴望被看见"快乐地喝咖啡"，往往是对另一面的展示或隐藏。

为了彰显存在，人们对一个小小掌声的需要，如Facebook、Instagram或任何其他类似应用程序上的一个点赞，在不断增长。沟通已随着公开展示情感和"被看见"的迫切需要变得疯狂，而当前，这种变化在影响着所有与互联网有关的领域的技术革新和社会变革的帮助下变得非常容易实现。

近20年来，还出现了另一个相关现象：公开展示亲密感变得越来越成功。互联网鼓励隐私外化并使这种外化变得更加容易，个人可以轻而易举地把私人生活置于公共舞台。这导致真人秀节目的成功，如美国的卡戴珊家族，或是西班牙的拜莱·埃斯特万（Belén Esteban），他们已引领潮流超过十年。

现在，"拜支持协调和识别的技术所赐，沟通已经成为一种技术，它使我们能够在充满不确定性、相互矛盾的任务以及与他人相关的工作环境中冲浪"（Illouz，2006a）。[1]比起不可讨论的僵化规范时代，今天的世界更

---

[1]　易洛思引自 Axel Honneth. *Kampf um Anerkennung- Zur moralischer Grammatik sozialer Konflicte*. Frankfurt am Main: Surkampf, 1992, p. 212。

令我们感到不安。先前的父权系统必然有很多缺陷，但也明确定义了许多角色，作为父亲、女人或儿子，完全受特定的框架定义，尽管这些框架令人感到窒息，且毋庸置疑是不公正的。可即便如此，一切都是清晰的。

随着旧式的维多利亚时代消亡，追寻自由的新可能浮现，人类进一步意识到自身的脆弱性。于是许多人发现，这种防御是对抗自我不安全感和自我恐惧的武器，无论代价如何，都已滑向被他人认可的方向。不管是曝光自己吃早餐的场景，还是上粗制滥造的电视节目，都无所谓。不管怎样，重要的是被重新认识：经济领域里充满情感，但每个人都不得不控制其消极的情感世界，这是一种清晰的伪解决方式。

每个人都在诉说个人的创伤故事，也会导致以下不愉快的后果：亲密关系被转化为匹配的客体，并从成本收益的角度被分析（Illouz，2006a）。这是另一种防御性态度，体现了潜在的自我无助感。新出现的是感情合理化、工业化和大规模生产的现象。在这个特定时代，所有这一切，正在理想化一些特定的而不是普遍的感情与特征。

举例而言，我们知道约会网站会使用公司设计的一套复杂的认知与情绪机制——不管是为了评估或编码人群，还是为了创造巨大的婚恋市场，或是为了兜售书籍或度假套餐，这都不重要。智能系统会在你搜索网络的同时检测你的偏好。这是通过规范化实现的另一种摆脱情感的方式。所有的理想化因此停止。留给更重要的东西的空间已所剩无几。所有一切都被置于同一水平。一个人描述自己——当这个人实际作了许多自我描述，而不是简单地用一张照片或剪影呈现——是希望找到与其相似的某人。在某些约会网站上浏览大量个人资料后，我震惊于许多人只是为了找个孪生的自己。他们用以下模板：我是 A 先生或者 B 女士……我喜欢 a、b、c 和 d。因此，我想找一个同样喜欢 a、b、c 和 d 的人。

换句话说,这就是我理解的当今爱情的新特点:公开展示。必要时必须公开展示亲密度，伴侣或爱情的本质被扭曲，这种"新'多愁善感的大众'已将诱惑化为一种不认识对方和自己的形式"(Hernández Busto，2013)，毕竟，能在大多数人中脱颖而出、吸引别人的注意，从而不淹没在每个人看上去都很类似、都说着几乎一样的话的多愁善感的大众中，已是一种殊荣。"爱人"变得可以互换，成为前一分钟抚慰自尊，下一分钟伤害自尊的商品。因为竞争激烈，缺乏追求者的人的自尊心受到很大影响，这可能导致自恋通胀（narcissistic deflation），并使人陷入抑郁。

事实上，在社会标准的精细化和专业化的基础上，爱情的选择正在被自我形象的崇拜取代。我们可以很容易地猜到，这种对适宜外表的崇拜滋养了重视外表的价值观。在这种情境下，"年轻和美丽成为消费社会想象中的情欲和性欲的能指"（Illouz，2006a）。这是一个属于自拍的时代，垒出贡品的高度，贡品既来自自我，又献给自我。值得注意的是，这些自恋的人在某种程度上从纳喀索斯的致命拥抱中幸存。正如奥维德（Ovid）[1]所描述的，纳喀索斯的倒影赢得了他的爱，然后淹死了他。自拍的数量激增——为了拍出更好的照片，市场上甚至出现了一种用以延长手臂的"假肢"[2]。

我必须提到查理·布克（Charlie Booker）创作的科幻连续剧《黑镜》（*Black Mirror*），特别是第三季第一

---

(1)　奥维德，全名普布利乌斯·奥维迪乌斯·纳索（Publius Ovidius Naso），古罗马诗人。其长诗《变形记》（*Metamorphoses*）记载了纳喀索斯因爱上水面上自己的倒影，最终死去，化为一株水仙花的故事。——译者注

(2)　此处指自拍杆。作者用精神分析的视角诠释自拍杆的象征意义，即象征着人们改造自我的肢体以实现自拍，无需依赖他人，完全自给自足，达到展示自我的目的。——译者注

集《急转直下》（Nosedive）（2016）。在这集中，女主人公和其他角色生活在一个反映了新科技中黑暗与丑恶一面的虚构世界。在这个世界里，由智能手机标注人唯一的价值。智能手机会在你日常生活、街道或工作场所遇到的人的头部旁边显示一个数值。人一旦进入某个场景，他们的头部就在屏幕上被一个圆圈锁定，圆圈旁是该特定区域内所有居民用智能手机给这个人打出的平均分。人变成纯粹的数值，每个人都会给别人打分，被打分的人也会给其他人打分。个体间的互动变成完全基于第一印象的相互打分。在这个虚构世界中，所有居民结束与他人的一场互动后都会给对方打个最终的分数。究竟是一次对荣耀的承诺，还是一场彻底的自恋或自我的沉沦，对每个人而言，都是一次真实的情绪过山车。

尽管这是一部虚构的作品，但它与常见的艺术加工一样，通过夸张手法出色地揭示了现代社会的一个具有本质特征的真相。它巧妙地展示了生活在"屏幕上"的危险，永久地生活在舞台上，像暴露在全景窗口中的物件，必须迎合当下流行的价值观。

《急转直下》这集中的女主人公是一位年轻女性，她活着就是为了得高分从而成为人上人。当失败时，她崩溃了。这是一个彻底只看外表的世界。我们也经常（尽管不是唯一）在如今的青少年中发现这种现象，特别是那些在社交网络上非常活跃的青少年。虽然我提及的是青少年，但我治疗的许多成年人也同样被人们的话语、会得到的分数以及拥有的关注者的多寡奴役，就像本书开头描述的可怜的阿妮克。

尽管精神分析显然无法提供一个独特的、全能的视角来理解全部事实，但拜某些特定概念工具所赐，精神分析确实有助于更好地理解其他反思性或探索性学科，如哲学、社会学、文学和电影。这些学科根据它们对当今爱情演变的理解提供解释，而爱情滑向以自我为中心的极点，更趋于自爱、自我形象，并越来越远离彼者的品质，远离另一个正在被掏空的他性（otherness）。

其他学科对理解为何精神分析理论的某些方面被去情境化，然后被去虚拟化并商品化，为了其他目的而使精神分析理论失去其主要的本质，是具有一定价值的。精神分析家当下的任务比之前任何时候都更重要，那就是捍卫深层心理学中最有价值和最真实的概念，以理解我们的时代，并耐心去做这件事。心理化的社会话语的出现是一种巨大的新奇事物，会促进情感的商品化。在这一背景下，很容易理解互联网带来的可能性与当今心灵之间的相互作用何以导致情感方面的矛盾结果：破坏性或建设性——建设性意味着一种与家庭和伴侣建立关联，齐心协力，相亲相爱的现代方式。例如，对于现今经常出差的父母，让孩子有机会在屏幕上见到他们，让夫妻之间有机会交流，是非常重要的。然而，当互联网打破了与对方之间的联结，并使感情保持距离时，它就是破坏性的。

女权运动

自 20 世纪 50 年代起，女权运动就位居 20 世纪伟大革命的第二位。女性获得了对自身生殖功能的控制权，以及获得更好的教育、培训和就业环境的途径。当然，如果她们想要生育，她们依然需要对抗自己的生物钟。那种由男性主宰家庭，女性因为没有足够的经济能力而从属于男性的父权式家庭体制开始瓦解。原来的家庭体制被机会平等（避孕药、性自由）的体制取代。在性方面，女性要求像男性一样拥有自由以及更宽泛的性爱分离。女性的新地位对经济、政治和人类心灵都产生了重大影响。

传统家庭已不复存在：离婚率就是证明。父权制社会中不可动摇的家庭已走到尽头，多元模式大量出现：同性家庭、单亲家庭、重组家庭……异性恋夫妇对伴侣的选择不再受社会家庭群体及其特殊规范的约束。每个个体可以自主选择。当然，这也有另一面：没有任何东西可以恒久存在，一切事物都可以被改变或结束。先前的刚性制度提供的信心基础已不复存在，人类感到更加脆弱。

对两性而言，性自由具有差异性和多面性，这也是社会学（Illouz，2006b）和心理学（Burdet，2013b）20世纪最重要的变革之一，关乎享乐，因而也成为一种价值观，成为一种自恋的资本收益。个体必须享受自己，拥有关系，因为这提供了价值。同性恋被合法化，同时将性与政治联系在一起，提高了个体的自由度。贞洁禁忌已经过时。

政治背景与作为新兴理念的自主性

这里我将添加一些与本书主题无关的社会政治背

景。在当今世界，有"阿拉伯之春"（Arab Spring）和其他重大恐怖袭击，还产生了诸如西班牙反紧缩运动（Indignados）、英国"灭绝叛乱"（Extinction Rebellion）等运动。这是一个资本主义危机正在挣扎着寻找新宿主的世界，或者更准确地说，这是一种超资本主义的世界，或一种新自由主义的世界，其中自由的概念被利用以达到可疑的目的，即一个人也可以成为自己的老板，其代价可能是成为自己的奴隶（Han, 2014）。在这个世界，理想已经变成建构自己以获得成功。这个想法起源于硅谷并受其鼓吹，现在也成了普通人的期待。自由职业者在我们当前生活的世界中进行着自我剥削。那些创业或将自我形象构建成品牌形象的人，实际上是在延续自我剥削。

新的自我与必须开发一种新的自我创造的自我的义务联系在一起。这是最近的潮流。自相矛盾的是，新的自我被个人的自我要求剥削。新的自我正在以自由的名义反对自由。

在如今的世界，存在着对差异、难民和不寻常事物的恐惧感，社会和个体回到避难状态以自保。作为一种自我保护形式，自我生产正在回归，这实际上是一种新的奴役形式，因为自我要求是无限的，不受控制的。

未知制造恐惧。正是大移民潮时代让享有特权的西方人感到不安，他们又一次发现，有必要在国家之间建立耻辱墙。现在，这世上没有什么是确定的，正如巴迪欧（Badiou，2013）引用易卜生笔下的叛徒朱利安（Julian the Apostate）的感悟："旧的美丽不再美丽，新的真理不再真实。"[1] 这是一个充斥着巨大不确定性和变动性的时代。

没有什么是确定的。社会政治事实不确定，爱情也不确定。人类依然没有得到无限的和理想化的自由的庇护。从前，爱情及其神秘感尚可给予人们一些安慰。事实上，正如玛格丽特·杜拉斯（Marguerite Duras）在《广岛之爱》（*Hiroshima mon amour*）中描写的，即便受到原子弹的袭击，爱情也是一种慰藉和生命不息的象征。

自主理念的出现促进了不安全感的发展。如今，性与爱的关系受到批量供应、时间短暂、关系断裂的冲击，爱情越来越被理性浸染，比之从前，爱情的神秘感一落千丈。爱情不再在依赖方面让人感到安慰，因为依赖如

---

(1) 亨利克·易卜生（Henrik Ibsen）《皇帝与加利利人》（*Emperor and Galilean*）第一部分，第二幕。

今是不被容忍的，或者说，即便有也很贫瘠，尽管人类出生时完全依赖另一个人生存是一个不争的事实。

在临床工作中，我惊讶地看到，人们不再像过去那样以金钱或时间为借口，解释自己为什么没有接受分析或心理治疗，而是更多地假托害怕变得依赖精神分析家。在他们的体验中，对任何一位医生产生必要的短暂的依赖都是无法忍受的，是一个真实的自恋创伤。病人越是病态和脆弱，越会恐惧依赖。

从文化视角来看，"制造男子气概的指令主要包括精神自主、社会阶层上升和经济成功"（Illouz，2006a）。与之相反，目前的技术编织了我们可以把整个世界都踩在脚下的错觉，因而让我们误以为痛苦也得到缓解。新的链条已经开启。

我还应当强调，越来越多的男人和女人牺牲了他们的爱情生活，完全投身于职业生涯。如今，人们用讨论丑闻的口吻议论在硅谷工作的许多女性面临的问题。她们永远找不到成为母亲的恰当时间。没有足够的时间同时追求科学和拥有孩子。她们选择冻卵。

我来说说莱昂诺尔（Leonor）的例子，她是一位聪明的女士，按照上述现代理念生活。

莱昂诺尔堪称成功的现代女性。她有家庭，有事业，会说数门外语，而且因为经济状况优渥，拥有旅行自由（说走就走）。她帮助弱势群体，参加众多时尚活动以保持健康：她有营养师、私人教练、普拉提教练，等等。她看起来拥有一切：一栋山边靠海别墅，她的孩子们从幼儿园起就上三语学校……似乎一切都不是问题。她在家里时也像在工作中一样，管理着数百人。她享受着金钱带给她的力量，可以拥有或购买她想要的一切。她穿着讲究，挎着名牌包，佩戴黄金或钻石项链来展示她的精致品位。她激发着她的社交小群体的钦佩与嫉妒。她尝试过能量疗法、个人成长工作坊、瑜伽、亚洲传统放松技巧……这是个无限清单。莱昂诺尔已经尝试了她知道的几乎所有方法。在活动、休闲或子女教育的任何方面，她都有一位专业人士的协助，她还有法律顾问和专业商业顾问。这是一种轻松的、表面的、最先进的协助。

来到我的咨询室时，她已被这场生命旅途弄得筋疲力尽，诉说着自己感到多么悲伤和沮丧，说自己再也不能忍受下去了。她不明白自己哪里出了问题。她拥有一切，可以做任何想做的事，但她感到彻头彻尾的沮丧。

我认为这恰恰是她的问题所在——拥有一切代表着某种形式的贫穷。我意识到她确实很疲惫，她再也无法忍受了，但她从一开始就表达的一些痛苦源于她不得不来我的咨询室，她无法独自处理一切。这一事实明显导致她推迟了这次咨询的开始时间，尽管她事实上已别无选择。

依靠别人解决个人情绪问题，这当然为她和她身边的人所不齿。私人教练是一个战利品：看起来不错；每个人都希望有自己的私人教练、司机或者其他令人羡慕的豪华服务。甚至商业教练或者生活教练也都看起来不错，因为他们能使决策和盈利能力最大化，并且让他们在商业政治中变得坚定而自信，这多么有价值，多么时髦。

当精神痛苦时，莱昂诺尔这类人会来见我和我的同事，在门前没有任何标记的咨询室里隐蔽地接受治疗。没有人知道这个即将开始并将持续数年的治疗。她既不在工作，也不在家。太丢人了！该如何解释"像我"这样的人竟然需要看心理医生？与此同时，我也在想："当然了，正因为你迷失了，在你的自我要求或顺应周围环境对你的期望之外，你没有任何其他空间；除了对社会和家庭价值观的忠诚，你失去了所有声称'你可以'的东西。你不能失败，你不能失败；只要你顺从家庭和社会的期待，即便你的心死了也无所谓。"

她很敏感，很痛苦，想要活出自己，而不是仅仅去满足人们对她的期待。她带着她自己的顺从被供奉在一个神坛上，她正从这个神坛上跌落。

超人和女超人的理念正在瓦解，诸如莱昂诺尔这样的人陷入了被遮掩的、无声的抑郁。她在深夜哭泣，因为弱点无法与人分享。弱点，我们在讨论什么样的弱点？难道我们已经忘却，如果没有我们的祖先，我们会死吗？社会以及人类似乎在尝试忘记全人类生命最初几年的那种无助。

由于认同那些"你应该""你必须能够"的指令，莱昂诺尔发现自己越来越虚弱，却找不到症结所在。她幻想着周六下午打个盹就可以驱散她所有的病痛，而事实上，恐惧已经渐渐占了上风。她继续前行，对焦虑视而不见。她无法理解焦虑，这反而让她的"瘫痪"症状雪上加霜。直到她必须停下来，开始为自己正在经历的事情赋予意义和表征。莱昂诺尔是成功人士的完美例证，像许多指挥着很多人的大人物们，他们要求自己必须在

人性和智力上都非常杰出；他们想要照顾好自己的身体
和心理；他们想要在每件事、每个地方都紧跟潮流；然
后他们崩溃了，为了得到改善，他们不得不质疑自己的
自主理念，于是愈加痛苦。我们需要再次认识到，慈悲
始于自身，一天只有 24 小时，一切皆有限度。然而，这
一切都如此令人不快。

互联网与大数据

互联网在 20 年间的指数式发展带来了一场真正的
技术革命和技术进步，这些进步和变革都无法用恰当的
方式来衡量。我们每个人都沉浸在电子邮件、聊天软件
和社交网站中。互联网是一个允许逃避的平台，同时也
提供恒定的数据流。它提供获取全球知识的途径，由此，
一种新的范式正在猛烈地自我强化：连接。我们都被连
接在一个新的现实中，这个现实已经强化了它自身：虚
拟现实。其中有一个新的变化，即肉体扮演的新角色不
存在于同一共享空间，而是在终端之后在线呈现，它的
缺失甚至带来更多的情感。

以某人谈论自己面对一张色情图片时的感受为例：

> 我感觉到一种存在，一盏灯在闪烁，我觉得好像有人在想我，好像有人在场。很明显，这抓住了我。这就像在某个地方，我想：一个女人在想我。我不能否认这有效且有些可笑。所有这些都对我产生了影响，尽管带有一种不可思议的不协调、一种转变、一种与现实的滞后。但这正是幻想的本质，而我们就活在其中。就是要有这样一个故事，它既是一个故事，又不是故事。

"真实与虚拟之间一片充满迷雾的区域"是对心理现实的一种描述，很难找到比这更贴切的描述。虚拟无处不在，已成为我们日常现实的一部分。两者不可分割，然而有时又如此危险……通往病态之路。我们已不知道"真实"（real）意味着什么。鲍德里亚（Baudrillard）[见其YouTube访谈《世界争议》（*La disparition du monde réel*）]曾说，没有现实，只有拟像现实（reality simulacra）：电视机，即虚拟现实。

这个问题变得至关重要，因为身体的缺席可能与具有特殊性质的不间断的亲密有关。这种特殊性质近乎于精神病态。隆戈（Longo，2016）认为：

> 这些精神病态中的很大一部分，是由于身体在互联网关系这种充斥即时性和不间断性的奇怪情况下缺席，这似乎给予了一种明显且恒定的此时，却不需要分享此地。

本书最后一章将会讨论这一问题，专门讨论当今的暂时性（temporality），在生死面前焦虑和快乐共存的人类使用的新工具与病态交织在一起，相互碰撞。无论何时，人类的内心世界连同人类脆弱的身体和头脑，与外部世界进行着永久的互动，尽管人类自己的现实和他们制定的现实也在虚拟中发生了变革并且在继续革新。互联网带来了新的解决方式，也制造了新的问题。它改变了人与人之间的相处方式。作为一种技术，互联网可以使我们变得富足或贫穷，这取决于它的用途。

这一事实非常重要。人的病态与互联网相互结合并交织在一起。新技术有助于提高兴奋度和消除界限，与过度兴奋的人保持同步。这些人本身就有界限方面的问题，他们以特定方式使用互联网及其提供的各种可能。我在本书中呈现了互联网与心灵互动的一个特定方面，在这个互动中，技术可以创造和加剧人们的病态，同时也可以成为病态的人最喜欢的客体。

我在这两点之间进行思考，它们在更宽泛的心理性欲的意义上，在性-爱关系层面上，常常互为反馈。正如我在引论中指出的，本书的意图显然不是解释如何正确使用网络，自然也不是要否定互联网给我们生活的无限领域带来的令人目眩的革命。

互联网将我们所有人连接在一个虚拟现实中。这个虚拟现实将其自身强加为一个前所未有的革命性事实。同时，互联网也将我们所有人连接在同一个现实中。这个现实以其特殊性和一种新型材质，将其自身压实为一个整体以供分析。

如今的社会在网上许下快速消费式的承诺，爱情和／或性就如同商品。互联网可以提供亲密关系，亲密感则意味着一种仅限于释放时刻的性欲交换。

这会造成一系列后果：性爱越来越像一项体育运动；亲密概念转变为与另一个体发生性关系，甚至无须交换电话号码。这更像是对亲密感的谋杀。注视、看见和被看见，窥阴癖与露阴癖都在增长。以线上的方式从自己的空间进入他人的生活，没有障碍，也没有真人在场时的压抑，个体往往更大胆，更少压抑，使用比平时更粗俗的语言，有时没有铺垫便直接提出性的提议。开始一段关系时，既没有羞耻感，也没有言语和性方面的抑制：人们不再会说，"我非常喜欢他们，以至于我开始说蠢话，因为我感到不自在"。互联网促进了压抑的缺席和分裂的加剧。它鼓励兴奋的粗俗的言语。

互联网为"爱情"出现提供了大量的关系（relationships）。爱情或性爱的数量赋予客体"消费品属性"。数量显然与幸福挂钩，并且取代了质量。"当质量让你失望，你就会在数量上寻求补偿。"（Bauman，2003）关系已转变成连接，如果这种转变不是通过 Facebook 或约会网站实现，就会通过银行账户或报警系统实现。仿佛所有的内容都变得相似。

这一过程中会出现一种全能错觉（an illusion of omnipotence）：彻底连通的个体至少是其联络谱系的中心。人们带着根本性的焦虑，以及对依赖、死亡和无助的恐惧，转向一种新的媒体。这种媒体给他们带来被许多人包围的错觉。与他人相连是逃避现实的手段，是孤独的新面孔。

接触一个又一个客体，人们止步于承诺幸福、承诺即刻幸福的标题之下，特别当首次接触失败之后；仅在性领域立即获得满足，或在网上自发分享激情爆发的幸福感，或许也是从监禁的旧父权制社会中享受绝对自由之感的另一种变体。个体可以通过展示自己平淡的亲密故事而成为自己世界里的明星。

互联网使得性与情感之间的割裂更加激化，同时作为突然燃烧的火焰，提供与割裂截然相反的内容——因为在这些例子中，即便他们可以触碰到彼此的皮肤，彼者的真实感也不是有形的。

互联网暴露了辨别幻想与现实的困难——正如精神分析家熟知的，心理现实是一个人感受到的真实幻想，而不是一个人通过手指把控的有形现实。正如马尔奇（Marzi，2016）所说，"两者都是表象"：网络空间里有音量、语言、舞台、肢体语言和想象空间。它拥有声音。尽管有触觉，但触摸不到彼者，因为手指划过的是图像而不是真实的人。彼者的身体消失了，而且这种身体的缺失可能最终导致混淆屏幕背后之人的风险，即让某一个体替代另一个体，简单而言，是将彼者体验为自我。

我希望重点突出这一点，我将在下一章进一步阐述针对客体（爱侣）的恋物癖。换言之，客体是谁并不重要。

网络空间和虚拟客体提供了如此多的可能性（除了将性作为一种释放）以至于客体可以互换。这项服务产业如此巨大，以至于哪怕只是轻微的不便，人们就会更换线上的个人资料、谈话和联系人。鼠标轻轻一点，信息就被删除了。个人资料去了又来。开／关连接正在取代今天的爱情。狗死了就再买一条。通常并没有人在意那条狗的故事。人们几乎都忘了，一条新的狗不能替代失去的那条狗；人们都在努力相信所有的狗归根结底都是一样的，所有女人都是一样的，所有男人都是一样的。一旦出现感情的踪迹，祛情感化关系（disaffectivised relationships）这种不可理喻的逻辑就开始实施统治。毕竟，人们总是可以说："无所谓，这只不过是一段网恋。"

总之，首先要感谢疗愈性话语，其次要感谢女权运动，让私人的情绪体验得以公开。它们已经影响了工作环境，新的需求已经产生：被他人认可。互联网带来的革命，让个体以成千上万种方式被看见，为人们自恋地寻求认可和存在提供了有力帮助。

矛盾的是，认知心理学以及其他当前流行的心理研究方法，已在使用某些精神分析工具来反对精神分析，清空了精神分析的丰富性和精妙差异。通过遵循准则，一切都已被转化成相似的客体。从某个层面上讲，差异比相似更令人恐惧。

多产的精神分析话语体系及精神分析技术，已被其他领域用来对付自己：滑向认知或行为主义用途，支持行为举例和症状清单；站在与精神分析截然对立的立场，审判对错。精神分析的功能体现在尊重每一个个案，尊重几近全球化的世界中的每个个体的价值。尽管精神分析谨慎地承认特殊性，并将自己限于理解，而不给出关于什么应该做和什么不应该做，什么是好和什么是坏的规范标准，但监管性话语逻辑已从精神分析推算出什么是正确和标准的。揭示人类本质中某些特定共性的精神分析也被用于商业目的，然而，对精神分析家而言，没有完全相同的创伤，也没有完全相同的人。

因此，今天，精神分析家面临着一个任务，即分析他们身边的新现实，看看原始话语何以被商业资本主义目的诠释。他们一如既往地试图用持久不衰的、尚未被扭曲的概念来思考今天的爱情。

自由是现代性的印记，标示着经济进入欲望和个人价值的入口——这是一个巨大的变化，它有利于以供求规律为特征的性的出现（Illouz，2006a），并以我们最近才听说的新现象为标志：大数据。

大数据

大数据是对这一切的最新补充。我无法过多地阐述它，因为我不具备深入分析这一现象的知识，不过我仍会讨论其中一些不无分量的方面。

大数据，即海量数据，或者更准确地说，指海量数据带来的革命，改变着我们生活、工作和思考的方式（Mayer-Schönberger & Cukier，2013）。此处，我想补充一句，它也改变着我们爱或者吸引他人的方式。它假定知识就是力量，因此对大量数据之间的相关性进行分析。例如，根据上文引用的那些文献，大数据为好莱坞票房分析了 Twitter 消息中人们的感受。它（分布式计算系统 Hadoop）已能处理 Visa 信用卡交易信息，完成这项工作原本通常需要一个月的时间，而现在只需 13 分钟。这几个例子都展示了大数据是如何缩短时间的。

此外，我们知道这些数据分析会特别优先考虑某种真相，专注于大多数人遵循的趋势，同时抛弃个体差异和不精确之处。重要的不是这些差异，大多数人的意见才是重要的。这是一事一议的对立面。这里主导的标准是"越多越好"。过量是最好的。对市场来说，少数人并不重要。

另一个相关的事实是，它不需要了解或关心某个特定行为背后的原因，它看重的只是数据之间的关联——这是与连接时代紧密相关的。数据分析的工作是通过组合和连接事实，留下或拿走一些差异，就像人类那样。这是值得精神分析家注意的事实。对精神分析家而言，凝缩、连接是潜意识的一种运作模式。在这里，我只想说，这个问题值得思考。

大数据不仅成为一种强大而高效的社会政治武器或社会经济武器（尽管尚未达到能够严格分析这一现象的足够距离），就本书主题而言，大数据也正在将自身转变为爱情和欲望领域里的关键元素——不仅是性欲，而且是任何类型的欲望，如购物或度假。

大数据，即放置在谷歌、苹果、亚马逊等在线活动巨头手中的海量数据，或你的旅行社，以及其他任何机构，经由非常复杂的软件进行分析，使上述公司能够超前思考并预测人类行为。

你会注意到，在互联网上进行第一次搜索后，你的电脑里会弹出许多与搜索内容相关的提议。每当我想搜索一本书，就会出现"查看此项的用户也查看了"或"经常一起购买"等来自亚马逊网站的信息。

这样的现象太常见了。在约会网站上，软件会对你的个人资料进行详细分析，并为你提供匹配的个人资料，而不用尊重任何人的隐私。它根据从系统中提取的数据主动进行沟通。例如，Tinder 不允许用户随便选择一张照片；如果你的照片是从 Facebook 上传的，系统会提取所有的个人资料信息，并推送与你的社会阶层或喜好相匹配的联系人。大数据会利用个体在未意识到其存在的情况下，自由自发地提供的数据。人再也不能掌控任何事情，我们都从电脑和智能手机泄露了我们的个人信息，以同样的行为签署了我们对自由世界的退出协议。在不知情的情况下，我们成为数字时代真实的、有爱的和有感情的人质。数字时代以大数据之名行未知之事，仿佛是看不见的神，把我们的欲望告诉我们，仿佛在我们了解自己的欲望之前，它就已经对此一清二楚。这为商业、爱情、旅行或消费创造了任何人都无法想象的更多的潜力。

在这个以深刻变化为标志的情势中，有些变化是彻底激进的。我们的历史本质还剩下什么呢？还有什么会得到保留吗？

连续性或人性

爱情推动着这个世界，推动着创造力和艺术。谈论爱情，是为了在如此之多的激进的范式变化中，唤起为人之条件的某些方面的连续性与永恒性。谈论爱情，即谈论与另一人类之间不可避免的关系，源于最初的和根本的无助感，这是人类与生俱来的特征。谈论爱情，就是提出一些根本且平庸的问题，就像特定时代中的生死问题！

不管有没有互联网和新技术革命，人类都会紧紧跟在他们的原初客体身后——通常是母亲，从他们最初的极度无助状态开始，为了活下去而不死掉。他们会充满激情地爱着帮助他们活下来的原初客体，也会在极度受挫的情况下憎恨他们。那些最初的语音和语调，那缕最初的光线，还有皮肤的第一次感知记忆，将永远在人类内心回荡，但在某个时刻，人类不得不将它们放下。感情会向那些满足了最初和必要需求的人泛滥，因为这是人获得最初的享乐体验的方式。这种体验对心灵而言如此难以忘怀，它会趋向重复这些体验。有时，我们会看到个体如何用一生来逃避一条令人不满的原则，或是逃避过于令人不快的原初客体，并为之痛苦。

每个人类主体的历史将永远以他们最初的爱与恨的印记为特征。因此，爱、对无助的恐惧、生与死同等重要。在一片永恒的织物中，人被捆绑在一起，构筑起生命的结构。

个体最初作为一个完全依赖他人的身体自我（body ego）而存在，得益于个体化——将自己与一个彼者区别开——这项艰巨任务，不得不一点点地分离，最终把自己建构成一个独立的心灵主体。这项必要的任务并不总能成功（这点我稍后会再讲）。人生来就负有一项艰巨的任务，就是必须从极端无助的状态导致的对他人的彻底的原始依赖中变得独立，并把自己构建成心灵主体。这场漫长的对心灵独立的远征和成为精神主体的人的建构过程，只有在原初客体的充分作用下才有可能：他们必须在场，他们拥有为婴儿充分考虑的能力，能让他们将心灵借给婴儿，防止婴儿将无助体验为过度不适，即不会体验到兴奋溢出，也不会体验到自己对彼者不重要，或只因成为彼者的一部分而体验到对彼者重要。……挫折对建造心灵而言是必要的，但痛苦必须是可以忍受的，这样原初客体的作用才能达成。否则，个体会陷入一种创伤性的境地。这种境地是人所固有的为人之基本条件编织的戏剧性情节，也是人类冲突始终存在的根源。这项人类特有的任务必须经历许多的波折和障碍才能完成，也将借由新技术世界带来的工具及其在人类纽带方面带来的革命持续进行。

凭着错觉、爱、梦想和创造力，人类才可以忍受他们的极端无助，如今，他们一如既往地为抵御自己最深的焦虑而继续战斗——现在他们有了新的工具来协助自己。

在永恒方面，谈论爱情意味着另一件与出生后极度无助相关的事情：这种无助感使人类后代成为离开照料者便无法存活的物种，这位照料者决定了他们的最初和之后的爱情，最初和之后的情感纽带；在这种彻底的无助之上，是宏大的妄想，对永恒的错觉，以及对永恒与永久的此时此地的幻想。21世纪的人类是否比以往任何时候都更渴望认为他们可以摆脱自己的脆弱，否认自己的来历，畅游在回归虚构的整体性的无所不能以及完全自恋的统一感之中呢？

从精神分析的立场看，人类婴儿和儿童都会经历几次创伤性冲击。所有这些冲击都是痛苦的，被内驱力的碰撞激发，有身体的痛苦，也有情感的痛苦，他们紧张而兴奋的身体——身体需要得到抚慰而平静下来，与他们天生对幻想、思考和理解的需要相互衔接。这就是所谓的"驱力"（drive）。从这里推导出一个事实，即"人类的性欲在本质上是创伤性的"（McDougall，1989）。从遇到第一个背负着其自身俄狄浦斯问题和冲突的彼者开始，这个没有防御能力也不会思考的孩子，经受着与成年人的爱情和性欲碰撞而遭遇的正常冲击和创伤性冲击，或者说，从更广的视角看，外部世界与孩子的内驱力世界永远交织在一起并共同建构。这是关于昨日的叙事，也许明天也会如此；这是一条有待观察的红线，并与当前的变革交织在一起。

总体而言，人类关系从一开始就可以是建设性的或破坏性的。各个时代的人类都通过特定的新技术为社会带来了新的革命性贡献，其引发的改变要求分析家对某些概念内容进行反思与修改，例如，个体自身的概念和彼者的概念——这个问题也贯穿本书。一些作者（Marzi，2016）提到更具体的主体性（subjectivity）形式。我在这里优先探讨的是经济层面的心理变体，还会考察在恋爱关系中，彼者是谁或变成了谁。我会对外部暂时性层面上令人难以置信的震撼体验进行拓展，并专门探讨这一新情况中的自恋化内容。

在这个建构心灵所必需的基本要求越来越不受尊重的世界里，讨论寻找主体性的不同方式已变得十分必要。建构心灵所必需的基本要求包括：时间、可承受的挫折、管理不适的能力、倾诉丧失的可能性，以及承受痛苦，倘若这个人也想要快乐。而我看到的是，在公开展示、渴求掌声与认可，以及永不停歇的自恋盛行的时代背景下对自主性的追寻及由此导致的病态和成瘾趋势愈演愈烈。

4

存在为先：病人丹妮拉和《钢琴教师》

我接下来将继续分析如今的过度性唤起、特定的性欲形态、创伤情境中防御性的新性欲、彼者变成一种没有品质的存在，以及逐渐消失的爱人（love-other）。但在分析开始之前，我决定先聚焦于我的病人丹妮拉（Daniella）和埃尔弗丽德·耶利内克（Elfriede Jelinek）的小说《钢琴教师》（*The Piano Teacher*）中的文学人物埃丽卡（Erica），将二者作为具有一种边缘病态的临床案例。尽管方式不同，但两人都经历了早期的创伤性伤痛。从病理学的视角来看，我提供的这两个案例在今天越来越常见。我认为，这个新时代在许多层面上均以暂时性、连接性、即时性、公开展示亲密感，以及自爱加剧等方面的转变为标志。所有这些都是我们这个时代不同方面的病态表现。在这个时代，界限障碍（limit disorders）得到强化，而互联网和新技术也提供了一种随时可取用的表达与拯救的工具，但这只不过是一种虚假的治愈。

丹妮拉

在丹妮拉身上，我们看到创伤性的过度性唤起何以因自我的分裂而导致情感麻痹，以及一种与情感脱离的奇特的性行为。就她而言，栖居在互联网上是防御性的，并且服务于她自己实施的全身麻醉，使她感到受到保护，免受各种内外部的性唤醒，以及矛盾的是，还能够让她在不知不觉中体验充分的性兴奋：互联网作为一种遏制手段，在她连接到自己被唤起的情绪时，封锁可能的焦虑危机。互联网提供了一种活在别处的生活，为维持一定程度的精神控制而应允了这种不一致。

每个人的心灵构造设定了其与彼者分离的最低限度以及进入亲密区域的可能性。在丹妮拉的案例中，使她能在童年时期与母亲的身心进行健康分化的任何一个必要条件都未得到满足。构造心灵所必需的原始哀伤并没有发生。丹妮拉的母亲从未想过她的女儿会在她之外拥有自己的生活。因此，女儿和母亲之间的自我与非自我（ego/not-ego）的分化始终停滞不前。关于父亲的消息很少：他就在她身边，但总在精神病院出出进进。

当不存在主体化的可能性时，当个体停留在一两个人共有的身体或心灵领域而分化被原初客体否定时，主体或客体就不可能存在。丹妮拉的母亲既不允许她脱离自己的羽翼，也不允许她逃离自己的精神指令。

早期创伤性的性唤起泛滥会阻碍早期亲密关系的发展，并产生特定形态的性倒错（perversion）。在情感麻痹的保护下，丹妮拉与她的伴侣一起沉溺于倒错的暴露狂式心理性欲。她不介意裸体外出或在别人面前做爱，因为她没有任何感觉。婚礼，长凳，地铁，或交换伴侣俱乐部——任何场所对她来说都是一样的。她没有任何感觉。这使她无法与另一个人有任何亲密关系，包括她自己。

她说，她对别人不感兴趣——对我没有，对任何人都没有。她的主要目标是获得平静，因为如果她得不到平静，她就会惊慌失措到发疯。她对她的伴侣不感兴趣。彼者只是充当一个配角。尽管如此，她还是喜欢电视真人秀。

丹妮拉来找我是因为她很焦虑。至少她是这么说的，我从她的外表无法感知其他任何信息，因为我看着她走进我的咨询室，发表她令人窒息的演讲，然后又从我这里离开，没有给我任何说话的机会。她几乎没有给我们留下任何发展亲密关系的空间。她常常用她那亢奋、令人窒息的话语攻击我，使我的思维功能陷入瘫痪，就像她小时候在家庭场景中体验到的。她对我做的事让我拼凑出她身上可能发生过的事情。

她的沉默寡言引人注意。她又胖又丑，经常穿着像麻袋一样的衣服。多年以后，我们发现她并没有在做她自己：她不过是一个被母亲喂养却又被她疏远，被母亲打扮却又被她忽略了性别的孩子。

来自贫困家庭的丹妮拉，从小就与兄弟们一起生活，睡在他们身边，他们的床距离父母的床只有两米。在那个没有外在的物质墙壁的环境中，似乎没有人拥有一堵内在的"墙壁"。父母没有想到该为这个女儿提供物理和心理的空间。

　　丹妮拉的梦幻般的生活里充斥着各种各样的梦境，这些梦境不让我开口说话，因为它们会持续一整节咨询，或者是一个接着一个。梦里有性暗示（病人会立刻否认）。在梦里，各种身体器官的功能被混淆，那些具有性功能的部位被赋予了养育功能。冗长的暴露狂的梦，粪便填充的梦，她都不允许我干预。

　　随着我们工作的推进，丹妮拉开始意识到，自从她看到、听到和目睹了最原始的场景——父母的性行为，她一直暴露于高度的性唤起状态。

　　尽管如此，丹妮拉仍无动于衷地表示自己不关心性，也没留意到这一点。她几乎没有压抑（精神分析自我防御机制中的术语），她的自我是分裂的。丹妮拉被性行为和性唤起吓坏了，害怕被这种性唤起掌控，害怕自己的思考功能也被它扫地出门，而所有这一切都是她创伤性地暴露于原始场景的结果。这使得她无法创造属于自己的亲密关系，也让她无法勾勒出一个有差别的自我与非自我状态，这也正是我们长期合作的任务。

　　当然，丹妮拉觉得自己既不缺支持者，也不缺"情感依附"的对象。在她看来，她一直都有可依靠的人。

　　从这里我们可以理解她与男性伴侣之间带有一丝性

倒错的关系。在这段关系中，她不允许自己有任何感觉。没有比这更好的用以躲避亲密关系的策略了，甚至可以用在性接触时。丹妮拉接受了伴侣对她的要求：祛感情化后的受虐狂式的顺从通常是无痛的。她什么也感觉不到，她说："我这么做是为了他，这样他就不会离开了。"

男友喜欢设定一些带有羞辱性的场景，由他在那个特定的场景中掌握最具虐待性的控制杆。他对交换伴侣有一种病态的痴迷，以便向他的男性伙伴炫耀，而丹妮拉平静地陪着他，一言不发。她一点儿也不在乎。出于同样的原因，她同意录制性爱视频。

我不会在这里展开阐述这些施受虐场景，这些场景被一种未超越窥阴癖-露阴癖水平的性欲浸染，是这对情侣的唯一性目标。为了避免惊恐发作，丹妮拉找了个同伴，而他向别人展示自己，如果有人注视他阳刚的身体和行为，他会感觉自己很有价值。

这对情侣去参加了一个狂欢，那里肉体交混，以至于无法知道谁在触摸、亲吻或爱抚她。只要这种场景不结束，丹妮拉就乐享其中。她喜欢被亲吻的感觉，喜欢在男友面前，与所有人待在一起，被所有人看见，被所有人触碰。她喜欢在群聊中分享照片并安排其他约会。

但几天后，丹妮拉就会生病，不得不吃药。她开始哭泣，害怕会丧失心智。

我们很快就意识到，当与欲望相关的东西显现时，丹妮拉对应于原初场景中与父母相关的性唤起经历会被重新激活，她就会生病。她害怕自己性欲失控或精神失控，害怕自己会发疯。她只会在梦里赤裸地展现自己。在现实生活中，她把自己打扮成一个修女。她只能在梦里活出自己所有的情欲。

我明白，狂欢中的欢乐并不是一种亲密的欢乐，尽管矛盾的是，在丹妮拉看来，这意味着早期暴露于令人发狂的原始场景的一种重复。我相信，丹妮拉的生命早期被一种既可令人愉悦又可令人恐惧的父母组合塑造，而重新编辑这种体验的可能性在一瞬间激发了丹妮拉的多态婴儿期性欲（polymorphous infantile sexuality）。对她来说，这种多态婴儿期性欲与未分化的致敏区（erogenous zones）混淆在一起。可以理解，缺乏身体和精神上的亲密关系，迫使丹妮拉远离暗示着性唤醒的性和欲望，而除了通过受虐式服从，丹妮拉目前无法建立任何关系。麻痹，渴望没有欲望，似乎是摆脱早期性唤起那疯狂、创伤性的精神炙烤的唯一方式，这种痛苦持续了许多年。

丹妮拉只能从她喜欢的电视真人秀中获得性快感。她看电视，就像站在阳台看别人如何聚在一起，如何生活，如何感受。她也会浏览约会网站提供的信息，在她安静无声的家中，在电脑屏幕背后。这是一个可以容忍自我性唤起和投射的空间，而这些唤起或投射与她没有明显的连接。对她而言，连接意味着保持足够的距离。你既在身边又不在身边：这成为让她不焦虑的保证。

在她参加的狂欢中，每个人和每个人都在一起，没有衡量所有等同的他人品性的标准，也没有区分不同致敏区的标准，丹妮拉的心灵体验了快乐和恐慌。她不能区分性别和年龄，她感到激动，即使只有一天，让她有机会去享受禁忌，以及早年经历重复的完全消失。她紧接着生病也是可以理解的，因为她可能在自己身上体验到了一种未代谢的或不可代谢的，因而也是创伤性的性唤起的出现，这是对她心灵的摧残。她过早地发现自己被刺激冲昏了头脑，正如我在开头描述的那样，在我们一起工作的第一阶段，她一直把这些刺激投射在我身上。

因为在生命之初未能形成任何亲密关系，丹妮拉在成年后只有一种以施虐-受虐和窥阴癖-露阴癖为特征的幼稚的性欲，即遵循弗洛伊德论述儿童多态性倒错模式时提出的性行为模式的成人版性欲。我曾经有过几次机会治疗那些暴露于父母之间的原始场景的人，在某些情况下，这种影响与丹妮拉受到的影响恰好相反，包括会强迫性地寻找一系列相互追随的关系，这些关系像项链上的珍珠，一粒接着一粒，累积在一起，或者在互联网上大放厥词以求释放，但从未完全实现其目的。在这种情况下，他们诉诸电视真人秀——明显与自己无关——观看别人如何受苦，如何相互欺骗，如何做爱，如何生活……根据每种情况，网络可以有不同的用途：它既可以防止接触，又可以使大量接触变得更紧密。

埃尔弗丽德·耶利内克的《钢琴教师》

《钢琴教师》是诺贝尔奖得主、奥地利作家埃尔弗丽德·耶利内克的一部小说。这部小说语言直白，隐喻直接，我把它作为临床材料，以之为例，贴近一种特定的自恋性关系。这种关系的特征是母女之间的融合，以及一种极端的过度性唤起，即这是一个关于创伤性性唤起与诉诸色情制品和各种形式的前生殖器性欲之间何以相互影响的例子，前生殖器性欲是一种对更糟糕的事情的防御——不作为一种心灵主体存在，或者换句话说，被他人的心理吞噬。

很少有文学作品以如此直白、原始和大胆的方式唤起、挖掘和深究母女关系中相互纠缠的躯体和灵魂，在这种关系中，爱与残忍、欢乐与痛苦、亲吻、打击、无处不在的暴力和冷漠关系交织在一起，形成了一种带有"乱伦"（incestual）气味的支配关系（Racamier，1995）。这种关系以各种形式的受虐为特征，或成功或失败，就像人们可能喜欢的那样。若是被理解为一种在痛苦之中被夸大的快乐，或是对痛苦之下残存的快乐的疯狂搜寻，它便以某种方式被淡化，为个体化服务，即用于自我与非自我之间的分化，自我与彼者之间的分化。在这个故事中，则是指女儿埃丽卡与母亲之间的分化。

母女二元关系以融合的、未分化的幻想为特征，费伦齐（Ferenczi）在《塔拉萨：一种生殖理论》（*Thalassa: A Theory of Genitality*）中称之为"原始汤"（primordial soup），或是弗洛伊德在给他的信中写的"原始浆"（original pulp）（1915 年 4 月 1 日）。正是在这种原始汤里，互联网的页面在某些情况下可以作为一个投射空间发挥作用。我们的主角埃丽卡也试图通过一种带有倒错色彩的性欲和一种对痛苦的不断探寻，来逃离这个原始汤。这是努力与母亲划定界限的自我折磨。在这种情况下，她的心灵设法主动寻求生理痛苦和倒错的性行为，以逃离那种因无法与母亲分开生活而产生的巨大的极致的痛苦。

整部小说以母女关系为背景编织而成。母亲就是母亲。这几乎使一切都变得清晰。她不需要名字。她是维也纳音乐学院钢琴教师埃丽卡·科胡特的母亲。埃丽卡只能通过反常的性行为来逃离她的母亲：去看偷窥秀。她偷窥，自慰，然后离开，或者去公共场所注视别人做爱。一个类似的情节描述了她在观看夫妻性交时被性唤起的场景——一种原初场景的变体——然后通过小便来释放她的性唤起。又或者，她制造施受虐的场景，她的学生克兰默（Klemmer）必须使她痛苦，才能让她感受到自己的存在。

埃丽卡被比喻成一只"石化昆虫"。这顺应了她母亲的欲望：她不是人，也不是活的。就像丹妮拉，埃丽卡没有感觉。她通过色情制品或自残行为寻求强烈的体验，以作为一个客体而存在，脱离母体的"浆液"。这位倒错者／被倒错的母亲通过这样的信息来引诱女儿：女儿是她的一切，填补了丈夫和更多角色的空缺。这个信息与女儿的理想自我相混淆。被引诱的女儿"神奇地被它吸引"（Jelinek，1983）。她还能渴望其他什么呢？"母亲只要求一个小小的礼物：埃丽卡的生命。"（Jelinek，1983）换句话说，埃丽卡不可能成为一个主体。

如果埃丽卡的生命不属于她自己，则她的性欲也不属于她自己。母亲和外婆"紧紧抓着她们女儿和外孙女那具年轻的肉体，慢慢地侵蚀它，同时她们的躯壳保持警戒，确保没有其他人接近，来污染这年轻的血液"（Jelinek，1983）。

"埃丽卡什么都感觉不到，她也没有机会关爱自己。""她的内心没有任何波澜。……她是她自己的禁区。"（Jelinek，1983）埃丽卡生活在生殖器力比多（genital libido）驱力停滞的状态里。她的性欲是母亲的财产和禁令。她只能在一个被精神分析家描述为前生殖期的世界里找到出路，即部分驱力占主导地位：窥阴癖，施虐狂，受虐狂。看起来，阴道仿佛并没有被确立为一个享乐之所。

埃丽卡不得不去观看。为了这么做，她去看色情电影，在性用品商店和偷窥秀流连忘返。"没有什么可以搅起她内心的波澜。但她还是得看，为了她自己的快乐。"（Jelinek，1983）快乐，注视的需要，弗洛伊德1905年就已将部分驱力理论化，包括"残忍驱力，以其主动和被动的形式，分别对应施虐狂和受虐狂"（Freud，1905）。埃丽卡快四十岁了，正常的婴儿期多态性欲倒错已病态地扎根在她的成年成熟期。但是，埃丽卡看的是什么？她是出于什么原因割伤自己的身体，她又在割什么？

软色情对她来说不够劲儿。"一切都被简化为表象。""她对色情片的口味偏重。"（Jelinek，1983）从某种意义上来说，至少在观看时，埃丽卡似乎认同了那些喜欢色情表演的男人，可以给她提供一个空间用来逃离母亲的监视。我们在这里看到，色情制品履行了规避更糟糕事情的功能，使埃丽卡在客体母亲之外有一个存在的影子；色情制品中未分化的客体履行了一种辅助功能，拯救她于被疯狂的母亲完全吞没。

埃丽卡想要观看、了解和感受一个女人的内脏里面到底有些什么。她在寻找一些被封禁的东西。她在她的"乱伦"（Racamier，1995）体验中不断寻找。"在一部廉价电影中，你可以更深入地了解女人……这个女人一定藏着什么至关重要的东西……，正是这些隐蔽之物促使埃丽卡关注更新的、更深层的、更被禁止的事情"（Jelinek，1983），也就是母亲的身体，是乱伦。还有死亡（thanantic），非存在（non-being）。

对埃丽卡而言,她的快乐远离了真正的性快乐:这是一个悖论。仅剩的快乐来源是主人公努力嘲弄母亲的律法；这条律法实际上是反法律的，因为它禁止了个体化。

我倾向于认为埃丽卡制造了她关于原始场景的个人幻想，并坚持否认其存在。精神分析中关于原始场景的幻想，即关于父母之间的关系的幻想，是弗洛伊德描述的主要幻想之一，因为它实际上代表了一种最初形式，孩子必须在这种形式中才能理解父母的关系。引诱幻想和回到母体子宫的幻想亦已包含在弗洛伊德描述的主要幻想中。

但是，当埃丽卡割破皮肤，让血液从她的身体里流出时，她"完全任由自己摆布，这起码比任由别人摆布要好得多"（Jelinek，1983），这是她母亲唯一无法控制的事情。埃丽卡用切割分离出从前不存在的空间。"血液阻止她看到自己割开的伤口。这是她自己的身体，但对她来说极其陌生。"（Jelinek，1983）"然而，她割错了地方，将上天与自然之母以不寻常的方式形成的统一体分开了。"（Jelinek，1983）这意味着，埃丽卡在摧毁原始场景，摧毁上天与自然之母的结合，摧毁父亲和母亲，摧毁共有的欲望，摧毁性欲分化，在那一刻，仿佛这一切都有了可能，在她的幻想中，刀片仿佛在微笑，就像是新郎对新娘的微笑。她也摧毁了上天与自然之母的结晶：她自己（HER）。

"痛苦本身仅仅是渴求快乐、渴求摧毁、渴求灭绝的结果；在其最高形式中，痛苦是另一种快乐。埃丽卡乐于越过边界去谋杀自己。"（Jelinek，1983）弗洛伊德（Freud，1924）曾指出，即使是自杀，其中也一定存在着某种形式的快乐。我也倾向于认为，即使受虐者的状态可能会在破坏中恶化，但他们也会从中获得某种类似力比多满足（libidinal satisfaction）的东西，因为他们对心爱的客体实施了施虐式的复仇。

反思这一点，我们可能会像 J. B. 彭塔力斯（J. B. Pontalis）那样问自己，是否这种身体上的痛苦，这种防御性的倒错，并未起到消除精神痛苦的作用（Pontalis，1977）；为了不遭受太多或恒久的痛苦，在必要或总有必要的时候经历大量痛苦，在我看来，是一种恐惧，涉及个体化无望导致的不可名状的痛苦。此处，我引用 J. 安德烈（J. André）的一句话作为结语："抛开表象，分离焦虑（separation anxiety）中令人苦恼的不是分离，而是它的不可能性。"（André，2003）

* ♡ *

丹妮拉与那位钢琴家一样，她的病态属于未束缚的性行为范畴，在我看来，这个例子很好地说明了精神病态为何与社会相关，同时也说明社会以及少数原初客体的病态如何制造一位病人。丹妮拉和《钢琴教师》中的埃丽卡很好地把我们引入下一章，探讨创伤性的过度性唤起以及特定的性欲形态，而在这个特定形态中，彼者是谁无人问津。

5

过度性唤起与创伤

历史性反转：性不再是下流的，而是多愁善感的——不过是借另一种道德之名进行谴责。

——罗兰·巴尔特（Roland Barthes），

《恋人絮语》（*A Lover's Discourse: Fragments*），1977

任何重要意义发生在有机体中，都有可能会使其构件产生性冲动的兴奋。

——西格蒙德·弗洛伊德，

《性学三论》(*Three Essays on the Theory of Sexuality*)，1905

社会本身对在何处设立法律边界是有困惑的。撰写这段文字时，收音机播报的一段关于一场辩论的声明引起了我的注意，它清晰地反映出当前的一个趋势："我们必须遮盖那些我们看不下去的性吗？"[1] 该节目关于加斯帕·诺（Gaspar Noé's）的电影《爱》（Love）。该片当时刚在法国上映，片中的色情题材引发了争议，露骨、真实（非模拟）性行为的粗暴镜头充斥其中，展现了该电影所处的时代风格。

激烈的辩论聚焦于这样一个事实，即只有两票评定这部电影不可被普通观众观看，这意味着评审团几乎认为它适合所有人，尽管电影里有狂欢、相互手淫和交换伴侣的场景。一切都变得可以被社会接受了吗？似乎社会在选取立场和设定限制方面也经历着同样的困难。

电影《五十度灰》（Fifty Shades of Grey）以一个 20 分钟的施受虐场景作为结尾，在法国被评为 -12 级（仅禁止 12 岁以下的观众观看），也显示了同样的趋势。

---

(1) 法国国际广播电台 France Inter，2015 年 8 月 20 日。原文为法语："Faut-il cacher le sexe que je ne saurais voir?"——标题灵感来自莫里哀（Molière）1664 年所著《伪君子》（Tartuffe），第三幕，第二场，"遮住胸部，我看不下去了"（Cover up that bosom, which I can't bear to look at）。

就在同一天，我在《纽约时报》的网络版上看到几条关于电影《真爱至上》（Love Actually）的辩论，或者说，关于当下爱情的辩论，其中明确表示，重要的是拥有关系，而不是拥有爱情。正如巴尔特（Barthes，1977）所宣称的，情感已被禁止，而性唤起正在四处蔓延。

尽管我不认为自古代《爱经》（Kama Sutra）之后，性行为的实际形式发生过任何根本性变化，几个世纪以来，卡久拉霍（Khajuraho）神庙中的美丽雕塑也印证了这一点，但我发现，社会和网络都在传递着越来越强烈的性唤起的信息和可能性，即心灵内外的性唤起都在显著增强，这一事实带来了有关爱情、性和心理性欲方面的根本变化；我们的心灵越来越多地沉浸在创伤性的、令人不快的情境中，这是一种经济的、范式的转变，其后果是回到由窥阴癖和露阴癖（丹妮拉的例子）主导的多态倒错性欲形式，或者回到施受虐主导、性驱力的原始表达形式，爱与情感之间的断裂加剧，逃离已变得毫无价值的爱的彼者，这是我在下一章要讨论的内容。关键是，内心世界是我们根据外部现实的知识而构建的，这种知识已与我们自身相融合（Green，1991，1993）。内心与外部世界之间是流动的。对外部现实的认识需要先绕道进入内在现实,而内在现实又以外部现实为特征,这是一种永久的相互依存关系。认同(identity)是一个以社会为基础的心理过程。因此,现实进入心灵,取决于心灵能承受什么,也取决于每个特定的心灵能承受什么,在心理充分发展的前提下,根据莫吉兰斯基(Moguillansky, 2013)的说法,"一个发展不充分的精神器官,一个过度的驱力,一个过度的理想,一个过度的现实",不可避免地会产生同样的反应:精神器官处理现实的能力不足。我们不应忘记,人类从一开始就有一种生理和心理上的无助感,其程度之大,以至于任何人类后代都无法独自生存下来。这一事实让我们认为,根据定义,这个世界对每个初生的人而言都是创伤性的,或者说,在任何情况下都是险恶的。我同意莫吉兰斯基强调的事实(Moguillansky, 2013),即我们生活在一个比我们所能想象的更复杂的世界,借用伊曼努尔·列维纳斯(Emmanuel Lévinas)关于创伤的核心概念,即创伤是一个人不能面对的东西。但也正是由于这种过度(excess),以及夹杂在可容忍的性唤起与无法容忍的极限之间的张力,心灵才得以在这个微妙的空间中形成,而这要归功于所经受住的暴力。

过度意味着未知，我们缺少可用以协助消化它的已有经验。这是经典的创伤概念的细微差别，接下来，我将对其进行阐述。

街头性唤起

性唤起被理解为一种至关重要的张力，或爱情关系中的欲望框架，是日常生活的常规组成部分。与此相对，早在精神分析创立之初，过度性唤起就包含在创伤概念的首条定义之中。凭借过度性唤起这个概念，我们认识到，心灵无法通过身体、环境或两者的结合来整合、控制、消化性唤起。这个概念从一开始就存在，在《超越快乐原则》(Beyond the Pleasure Principle)中达到了巅峰(Freud，1920)。

我提出了一个关于当下的内在和外部过度性唤起的假设。在一个以过度和夸张、极端和无限制为特征的世界里，这种超性唤起(hyperarousal)是与我们这个时代里的各种"超"(hypers)相一致的：超现实主义、超市或大卖场、超个人主义、全能或超能力、极端恐怖主义、超级快乐，等等。如果社会和某人人生的原初客体中存在过度性唤起的情况，那么从定义上讲，这个人的精神装置在开始时就是幼稚的；如果不能指望从第一位成人养育者那里得到足够的保护性的涵容，个体将会遭受这些过度性唤起的新风暴所导致的痛苦，在可能的情况下，这些后果需要被整合和控制。但是，过度将引发一种不可避免的创伤性崩溃，无法维系和处理来自外部社会环境的无穷无尽的令人兴奋的刺激，进而导致不同的后果：无休止的性唤起，在兴奋前以全面停滞或麻痹为反向形成的防御机制，无法解脱，或是为寻求一丁点平静而转向任何形式的性行为或行动。

精神分析认为，这种过度性唤起对心灵来说是不可代谢的，从定义上来说是创伤性的，有可能导致以下后果：一系列畸形的性行为，逃离性行为和性唤起（就像丹妮拉），或者相反，被绑在一条关系的锁链上（如德克）。

逃离爱的纽带、性行为成瘾作为一种释放性唤起的行为或粗暴的性行为是很常见的。所爱之彼者变得不再重要。当相遇中的伴侣未被视为因其特质而备受珍惜的人类主体时，这就与爱情无关了。一种反关系，或者说一种以特定形式的激情为特征的病态关系，或是以为体验存而主动寻找痛苦的受虐形态升级为特征的病态关系（Rosenberg，1991），导致一系列的性行为。在这些性行为中，服务于快乐原则的幻想消失了，取而代之的是见诸行动，就像丹妮拉和德克那样。

目标变成寻找一种自恋与性欲的平衡，对此，任何解决办法都要好过那些无法控制的性唤起引发的疯狂海啸。生活的目的变成寻找一些平静，以便精神可以存活下来。

这种兴奋可以发生在大街上、餐馆餐桌边、地铁内身旁的座位上：智能手机上有可下载的应用程序，可以让你知道，此时此刻在你的车厢里，谁正在寻觅一场约会。

性玩具在很多地方都有出售。有很多性用品商店、偷窥秀或桑拿房，供人们在黑暗中与陌生人发生性关系。街道上挤满了来交换伴侣和寻求精神连接的人：换句话说，寻找狂欢之所。

所有这些都在邀请我们对约会软件进行讨论和反思，这些软件在过去肯定是不存在的，它们正在助长社会中的性唤起。

约会网站

这个主题在这里涉及性唤起,至于掩蔽接触式客体,将留待下一章讨论。

约会网站实现了一种陪伴功能,从某种意义上说,属于一种抗抑郁现象。这些网站也有一种成瘾功效,有些甚至对此发出了警告。这是一种现象——这点很关键——将细节置于整体之上。与人类普遍的复杂性相悖,有些人用非常简单的特征来定义自己,或者根本没有任何特征,仅用一张图片代表自己,然后把它扔进"爱情"市场。

针对不同类型的人,有不同类型的约会网站:一些人专注于寻找一段恋情,通常会提供许多照片,甚至描述自己是个什么样的人以及在寻找什么样的人;另一些则以约会、性交换为目的,仅仅是为了遏制自己的性唤起。

约会网站正在彻底改变爱情和恋爱关系。西班牙《世界报》(*El Mundo*)发布了一份报告,描述了新的调情方式,而这要归功于诸如 Tinder、Groopify、Wanty and Happn、Lovoo 或 Grindr 等面向同性恋的应用程序。Tinder 有大约五千万用户,它作为一个寻找性伴的应用程序脱颖而出,常常只为寻找冷性(cold sex)的对象,除了一张照片,几乎没有任何关于对方的信息。Tinder 与其他这类应用一样,通常只显示一张图片,人们根据外表的吸引力来进行选择。

值得强调的是,使用约会网站的目的显然是约会,但这种会面不一定会有下一次。我看到许多病人像进行体育锻炼或下班后的娱乐一样参与这类活动。两个人见面,发生性关系,可能一起过夜。他们要么再约,要么不再约。我们正在经历习俗的变化,这种变化越来越接近埃斯特拉·V. 韦尔登(Estela V. Welldon)的书名《先做爱,后交谈》(*Sex Now, Talk Later*)(2017)中精准描述的逻辑。

许多约会网站都有类似的特点:快速搜索,在行动过程中或结束后不久就渴求获得满足,形象和外表至关重要,它们往往是唯一提供的信息。人们在一个巨大的关系消费的网络市场上展示自己。消费的对象必须美貌,因为他(她)正在这个怪异的以身体为商品的全球线上超市中,与无数人竞争。

在这些案例中，爱神厄洛斯感到极度痛苦，剩下的只是身体之间的相会，甚至是一对与独特而复杂的人性相分离的生殖器之间的相会。客体的品质，即约会对象的品质无关紧要。根据某张照片上的某一生理特征进行选择，以释放为目的。

约会网站通常倾向于将人简化为一种社交性存在，并降至被观看的维度。应用程序允许人们活在图片里而不用见面。图片已经变得至关重要，它们是一种"固定的图像，将身体冻结在永恒存在的照片中"（Illouz，2006b）。图片是身体在一个平面上的死亡。图片是不会动的，也不会离开，像是一具木乃伊。图片没有复杂性，也缺少一个人的过往。这里包含几个问题：一方面是用户的性唤起水平，另一方面是如何使图像充满渴望／被渴望的驱力，成为吸引人的唯一工具。

注视和被看见是从儿童早期就有的快乐，是弗洛伊德在他著名的《性学三论》（1905a）中描述的儿童的正常快乐。如今，以貌取人似乎越来越成为基调。约会网站上数不胜数的图片满足了用户对无限可能性的幻想。

旨在认识他人并找到一段亲密关系的网站，其特点与那些致力于快速约会的网站不同。除了那些用来立刻满足一种成瘾或一种迫切需求的网站，一些已经运营了有些年头的网站堪称经典，它们旨在基于心理数据进行精确搜索。这类网站上会有一张或大量图片，有的附带一段介绍文字，有的不附带。它们可以被认为是与人接触的一种新工具，相当于几个世纪前的舞会。工具的作用取决于它的使用者。我在这里思考的，是那些错误使用这些工具、打破所有限制的人，那些陷入过度性唤起的人，这显然可以发生在任何人身上，以及那些在这些网站上从不下线的人。

个人资料中的图片很有趣：许多人会展示他们的汽车或游艇，遥远国家的著名旅游景点；他们展示权力、经济水平。众所周知，昂贵的异国旅行在我们的社会中是一个加分项。另一些人则根据他们希望传达的温暖或社交信息，选择展示他们的宠物或手中的玻璃杯。

个人资料上如果有文字的话也很有意思，因为这个人至少得问自己一些问题：我是谁，我这个人怎么样，我渴望从别人那里得到什么，理想中的自己和他人是什么样的。这种分析行为是我们当下社会的一种心理学化。

完成个人资料要回答大量问题，包括在各方面的品位、教育水平、收入、业余爱好……所有的应用程序都使用强大的软件程序来分析所有的档案数据。一个人的特征被分类、分组，并以与其他用户匹配的形式反馈给用户。哪里有选择的自由呢？在个人欲望和隐藏的计算机分析之间，存在着一种真正的语言混淆，计算机的分析似乎比任何人都更清楚个体的索求。这在任何层面上都是与一见钟情、互相吸引、短暂的疯狂恋爱和浪漫主义完全相反的过程。为了远离情绪，为了变成商业化关系，它被极端地标准化和理性化。网站根据相同的品位、性格等，建立一份可能彼此适合的名单。问题是，这些网站建立不同的团体，对可能合适的人进行逻辑推导和分类，似乎将人视作可相互替换的。自我被理性化。想象力被封锁：每个人只能通过寥寥数行字来推销自己，使自己令人渴求，受人倾慕。

人从情境中被抽离出来，没有过往，无需全局图景，丧失人格魅力。约会网站上的人似乎是从天而降；他们被永久地冻结在一张图片中，有时还附有一份糟糕的品位清单。它是掏空了感情的平面，一个人石化在一张照片里。

我们处在爱情的对立面：用户得到的东西普通而相似。他们得到的是替身，是对他们自己的自恋反射——

可能更糟糕的是,得到的是操作系统对人类个体的理解。而在某种程度上,爱情的实质或许是被差异吸引。

不管是文字还是图像,网站上的个人资料其实是舞台上的纳喀索斯的真正变体,是取决于个人偏好的商品,资料被选中多多少少代表一种成功。这是资本主义形态的情绪文化:情绪的缓慢死亡。例如,Meetic 交友网站每天早上都会给用户发一封电子邮件,声明"你的个人资料非常成功"。不管该声明的真实性如何,通过"很成功"来引诱用户,会让他们继续使用该应用程序。但事实上,这一切均由一个自动化的操作系统完成,在这个系统中,情绪被当作资本使用,而矛盾的是,这种做法实际上扼杀了情绪本身。

这个问题非常有意思,而易洛思对我们发现自己所深陷的自相矛盾的处境的分析,与之非常相关。她指出:

与其说互联网技术使个人生活和情感生活变得贫乏,不如说它为社交和人际关系创造了前所未有的可能性,但也耗尽了迄今为止帮助人们继续前行的情感资源和身体资源。(Illouz,2006b)

多年来，我一直在呼吁大家关注爱情与欲望之间不可调和的分离，以及特定彼者及其特殊的人性品质的戏剧性消失（Burdet，2013a）。爱情正在被男女的肉体取代，而这符合社会理念中的性欲化规则。

色情吸引力已取代了爱情。它遵循杂志和社会规范倡导的消费准则。这个对象更像安吉丽娜·朱莉（Angelina Jolie），还是基努·里维斯（Keanu Reeves），又或是类似另一个当红女演员或男演员的风格？在这种情况下，自然是尽可能远离情感，远离对一段关系的情感投资。这更像是清空了关系特殊性的认知分类。

任何人都可以被其他人取代。如果我是医生，别人也是，或者我是金发，别人也是，系统会问你是否想看类似的个人资料。它并没有指定相似性，只会显示其他金发女郎、医生或年龄相仿的人。用户并未意识到，系统已根据其偏好的特征，将信息进行排列或分类，并对情绪宣判死刑。

在多次尝试建立关系之后感到失望，并不奇怪：自我过于膨胀，身体缺席，也没有前语言信息的交流；当然也没有让人类感到富足的根本性差异；更没有背景、起源、进化、生活或过往经历。在这里，我们有一个示例可以说明文字和图像被从整体中取出时，何以成为蒙昧主义的帮凶。

性与情感之间的断裂

这种过度性唤起会引发几个问题。第一，在性唤起加剧之前，形成性行为的一种在温柔与性之间的流动分裂了，精神分析对这种分裂给予了充分的解释，如弗洛伊德在《论爱情领域中对贬低的普遍趋向性》（*On the Universal Tendency to Debasement in the Sphere of Love*）（1912）一文中所描述的。如今，这种分裂变得更加激进。弗洛伊德在一个世纪前描述的一些男性特征成为当下两性的共性。温柔和性正在经历一个离婚率提升的时代。这是一场真正的心理性欲危机。

在同一篇文章中，弗洛伊德强调：

在这种爱情的分裂中，男人诉诸这种紊乱的主要保护措施是对性欲客体进行心理贬低；而通常与性欲客体相连的价值高估，留给了乱伦客体及其表

象。（Freud，1912）

一旦客体被贬低，性行为就变得容易了，不过是和女人过夜与和她上床之间的区别。从精神双性恋的角度来看，这些想法对于越来越多的人和男女两性都是非常明显的，而与以往任何时候相比，他们更加被当作一个物体：一个纯粹的性释放工具。正如在"毫无品质的彼者"一章中讨论的，对彼者的冷漠，没有被当作人的体验，正在变得越来越多。

精神分析对过度现象的理论贡献

不管它们的含义如何，性唤起和创伤相伴而行。

如同弗洛伊德的时代，过度性唤起在今天仍然是魔鬼。弗洛伊德（Freud，1895）将过度性唤起与疼痛相提并论——疼痛就像大规模能量从外向内引爆，其强度之大，以至于心灵无法处理。

当心灵注意到这种来自外部的过度能量时，它倾向于通过类似电机放电的方式释放自己，以便恢复到惯性状态。在超出心灵的容忍阈值的情况下，性唤起会表现得仿佛它来自内在，并倾向于通过放电机制释放，以恢复至平静状态。过度性唤起对心灵而言是一场真实的戏剧冲突，因为它超出心灵束缚过度能量流动的能力。爱神厄洛斯崩溃了。厄洛斯被定义为生活中的性驱力，在反复检查中瘫痪。厄洛斯仍处于短路状态，缺少条件来与死神塔纳托斯——死驱力——保持充分联结，这意味着思维崩溃，往往会通过一种释放来缓解性唤起，就像我在德克的案例中描述的那样。

在弗洛伊德这位精神分析的创造者的著作中，创伤性过度性唤起最初被认为是与成年人的主动诱惑有关。不过，该理论——被称为"他的神经症"（his neurotica）——很快就被扬弃了。弗洛伊德在 1897 年 9 月 21 日给弗利斯（Fliess）的一封著名的信中，主张将婴儿期性欲（infantile sexuality）的发现作为二次性欲理论（theory of a two-time sexuality）的一部分：婴儿期性欲会随着儿童的发展而变成创伤性的，成人性欲的爆发会赋予婴儿期性欲以性价值，并作为正常发育的一部分（Freud，1899）。这是我们在这里呈现的重要观点，它在今天仍完全有效。

当看到女儿在聊天室或博客中身着内衣，以诱惑的姿势模仿妩媚的成年女性展示自己时，家庭成员求助于精神分析家的情况如今并不少见。暴露身体的图片在青少年中流传。年纪非常小的男孩中也在流传性聚会录像。发生了什么？这些孩子还不具备理解色情片的能力，却可以自由接触色情制品，他们到底怎么了？这个不明白为什么只穿内衣出现在同龄人的手机上是不正常的女孩怎么了？为什么这个女孩不明白有些东西需要隐藏起来，否则会有危险？为什么她没有看到这件事情中的性意味，为什么她认为这很正常？问题是：成年人的生活和成年人的性行为是如何以这种方式进入孩子的头脑与生活，仿佛这在通常意义上是正常的？这是因为，压抑边界的位置正在改变。

儿童精神分析家对这一现象表示担忧。[1] 我们生活在这样一个时代，成人对儿童的辅助兴奋保护功能（paraexcitatory protective function）经常失败。代际之间界限的消除造成了巨大的破坏。父母难以坚持自己的角色，身份常与伙伴或朋友混淆。孩子们经常在没有过

----

[1]　例如，Beatrice Janin, Psicoanálisis ayer y hoy, *Revista Digital*, 14, August 2016。

滤的情况下暴露于性唤起情境，这样的体验是一种真正的精神强奸。

一个14岁的女孩说，她总是在家里发现父亲的避孕套，在浴室里发现他的色情杂志。她将这种体验描述为一种创伤性的精神强奸，令她无法消化和思考。有些父母把自己的情史告诉正处于青春期的孩子，逼着孩子变成他们的父母。一些同事说，有些青少年在Facebook上关注了他们的父母。大家都成了朋友：父母和孩子。一个女孩通过这款应用软件关注父亲的婚外情动向。难道不应该是这个父亲来监督孩子在Facebook上交了哪些"朋友"吗？今天，有些父母试图消除代际间隔，认为自己更像是孩子的朋友而不是孩子的父母，这是怎么回事？

这样的事情粉碎了孩子们对长辈的尊重，同时也摧毁了他们的信心。青春期或青春前期的孩子最终失去了所有保护，暴露在成倍的创伤性性唤起的双重压力之下：一种源于内在的，在他们自己的内源性性唤起中，位于他们的身体内，铰接着来自成人有意识的或无意识的引诱，以及父母客体犯下的错误。我还想补充第三个令人不安的来源：儿童和青少年越来越容易和不受控制地接触到各种电子产品，也因此很早就接触到色情制品。这是一个新现象。

深层心理学中的经济学概念

在如今这个经济过剩——指有机体和社会中生产的可被绑定的性唤起总量——的世界里，爱情和性会变成什么样呢？心灵的核心任务是在能量溢出之前将其黏合/捆绑，它会做什么呢？负责提供促进思考和人性化、产生爱和恨、最终决定使某些人在一起或分开的心灵能量的马达，能否与身体紧紧相连呢？

在精神分析中，这个经济学问题与用于理解心灵的一个特殊而重要的概念相匹配，即驱力概念。性唤起是内源性的，源于身体，与起源于外部世界、他人和环境的外源性性唤起相结合。能量在人的外部和内在同时起作用，两者相互加强。两种来源的结合需要调整到可承受的水平，以便心灵可以适应，而不是到达一种过度的紧张程度，以至于引起痛苦和精神崩溃，如害怕不知道自己是谁，或者担心自己会发疯。简言之，心灵不应受到惊吓，持续承受冲击，或感到无能为力，应当提供给主体足够的辅助兴奋功能，即主体必须得到保护，避免遭受过度的刺激，就像一个母亲应当保护她的新生儿免受过大的噪声惊吓或干扰。

这个问题必然意味着要讨论一个关键概念：驱力。这是除精神分析之外，没有其他领域可以提供的。

驱 力

弗洛伊德创造了"驱力"（drive）这个词，并在《本能及其变化》（*Instincts and Their Vicissitudes*）（1915a）中发展了他的理论，称之为"心理学研究中最重要和最晦涩的元素"（Freud，1920，第五部分）。尽管如此，他在生命的最后阶段补充说，驱力理论是我们的"神话"（mythology）（Freud，1933）。

……在我们看来，"本能"（instinct）是介于精神与躯体之间的一个概念，源于有机体内部并抵达大脑的刺激的生理表象，度量心灵与身体连接后对工作的需求。（Freud，1915a，p.118）

当我们谈论驱力时，我们已处在心理领域，远离了生物和本能，远离了人类的生物性，远离了没有灵魂的躯壳。换言之，尽管身体在先，但因其驱力特性，身体立即脱离了简单的生物学意义。人类从出生开始为躯体的、生理的满足而战，而后又为意义而战，或最初是为原意义（proto-meaning）而战。

力比多位于满足区域，如寻找乳房的嘴就是一个满足区域。乳房既能提供食物也能提供快乐，正如我们在婴儿身上观察到的那样。婴儿会将力比多投向或导向提供满足感的第一条感官轨迹（sensory trace），并会爱上这条轨迹并将其理想化，而提供这条轨迹的人也会得到同样的优待。

换句话说，从新生儿阶段开始，嘴就是一个让需求获得满足的区域，新生儿会在进食时体验到快乐，通过吮吸得到快感，在这种情况下，是母亲提供了她的乳房在喂养孩子。长大后，恋人们会从亲吻中得到快感。因此，通过进食体验到的快乐会支撑个体对客体、乳房和母亲的爱是可以理解的。对原初客体的爱就是这样开始的。而当孩子无法得到满足时，对母亲（或象征母亲的人）的第一次恨也会开始。

父母是那些能够承担孩子婴儿期真实存在的无能感并帮助其代偿的人。母亲要保护婴儿免受噪声、强光、炎热或寒冷的侵扰……这种保护功能被称为"辅助兴奋保护功能"。如果父母没能做到，在这种情形下，辅助兴奋功能故障便意味着创伤；也就是说，所谓的原初客体使婴儿能够承受自身无助感的功能出现了错误。

从《超越快乐原则》(*Beyond the Pleasure Principle*)(1920)开始，弗洛伊德进一步将痛苦解释为客体情感投注的裂口。在客体情感投注中发生的任何错误都是创伤性的，都会造成创伤性自恋伤口(Freud，1939)。

当我们将弗洛伊德的丰厚理论思想应用于当下的世界时，其当代性令人瞠目结舌。我们当下的世界，其特点在于网络引起的性唤起的创伤性增加，永远保持接入状态的可能性，无限的接触渠道，无论有无性意味——简言之，这是一个缺乏辅助兴奋功能的世界。

客体的功能

继弗洛伊德之后，关于撕裂的自我的研究应该归功于费伦齐：成人对婴儿心理的早期入侵，客体的过度存在或缺失，以及过度性唤起的起源。他从最初照料者犯错的视角对创伤概念的发展作出了重要贡献。成人对婴儿需求的否定总会造成创伤，婴儿会不断产生被精神强奸的感觉。对费伦齐来说，创伤恰恰与"语言混同"（language confusion）有关（Ferenczi，1933），这是他创造的一个术语，用来描述一个性成熟的成年人和一个不成熟的心智对温柔与激情的不同体验。这就像现在一些孩子直面其父母及未遮掩的性行为的体验，父母认为自己处在青少年晚期，而孩子却感觉像是早熟的成年人，想要去照顾他们的父母。

无论是过度还是缺席，最严重的创伤可能恰恰是从未发生过的事情。也就是说，它无法被另一个人思考、看到或理解，这个事实将导致创伤和分裂。一种空虚感随之而来，然后填充自我。从未发生过的事情指一个养育者从未提供自己的心灵充分思考孩子的心理需求，无论这种需求出于何种原因，如抑郁或哀伤或任何隐含情感撤回（disinvestiture）的情境。

在《超越快乐原则》中，弗洛伊德完善了其关于性唤起的理论，将疼痛比作"情感撤回的裂口"。由此催生了后来的理论和发展，如"对崩溃的恐惧"（Winnicott，1974）和安德烈·格林（André Green）的研究，其中包括"死掉的母亲"，精妙地描述一个完全被自我占据的客体，她无法关心除自己以外的任何东西，尽管她能在孩子需要的时候在场，但她在心灵上已经死了：她是创伤性的，同时又是一股狂野的性唤起的制造者。这是个绝妙的比喻，让我们理解当下病人的内心正在发生着什么。这些病人通常表现出界限病态或边缘病态，即这种病态以早期创伤导致的精神结构上的缺陷为特征。因此，他们不能很好地区分外部和内在，并表现出压抑功能的缺陷。

创伤作为一种"状态中的状态"发挥着作用（Bokanowski，2005）。它暗示了一种分裂，根据个案的严重性，这种分裂会使心灵的任何转化都变得复杂或受阻。它限制了心灵的可塑性和形成表征的能力，而这些原本都是健康状态下正常运行的心理功能。

在这些个案中，当辅助兴奋系统对自己或他人不起作用时，主体会以情感撤回或表征撤回回敬客体。例如，从客体那里转身离开，至少在情绪上如此。结果往往是造成客体关系中的裂口和精神亢奋，而且这种状态会为了控制创伤性情境而不断持续。

这就是发生在丹妮拉身上的事情。她将观念与梦境放在一起当作概念，迅速从她的情感里切除。那些在互联网上提供即刻性服务的数以百计的年轻半裸女孩恐怕也是如此。她们是在向别人提供自己吗？她们渴望的是被人渴望，表现出一种非常奇特的孤独感：一个爱自拍的女孩。这是她与自己建立关系的第一步。她上传照片，因为她相信自己是可以在网络上唤醒欲望的人——这是自我诱惑的第二阶段。此刻，在与自己的交流中，她相信自己充满魅力。她站在一面镜子前，或是手机屏幕、电脑屏幕前，独自一人。这是个悖论。通过这些舞台，通过发布这些信息，通过向全世界释放，她难道还不能满足她自己吗？

当原初客体已经造成创伤，一个新客体的情感投注"仍会被一种终止或否认情感纽带的冲动控制"（Bokanowski，2005）。就像丹妮拉：脆弱的情感纽带，没有性唤起。或者相反，如《钢琴教师》展现的：只有行为，却没有情感联结，更没有感情。

正如 C. 沙贝尔（C. Chabert）所建议的，这些考虑可被概括并应用于所有表明客体突然从主体那里撤回情感的情况（Chabert，1989）。这种情况意味着一种创伤性自恋损伤，是对自我及其结构而言富于戏剧性的丧失。如果母亲看不见孩子或不能看见孩子，则意味着这位母亲的眼睛不再是孩子的第一面镜子，任何与之相关的情况都具有深远的重要性。这种情况可能发生于抑郁或哀伤的母亲，身体或精神上患疾的母亲，无法从心灵层面考虑孩子的母亲；一个眼里只有自己却没有孩子的母亲，直到孩子变成青少年。

这些情况总是创伤性的，而其中的细微差别取决于情感撤回发生的时刻。我们可以理解一种视觉过度投注的发生，同时伴随一种巨大的自体性欲能量，注定会去尝试填补那个心灵的裂口。

这难道不是对身份感知（perception identity）的一种探索吗？我们知道这个主要过程，当一个人仍未获取语言功能时，就会倾向于寻找在感知上与原初母性相似的客体，如倾向于寻找一个形象，这个形象尽可能与令他感到满足的原初客体——母亲相似（Freud，1900，第七章）。因此，如此多的人搜索约会网站去看他们自己，并／或公开展示自己，带着一种错觉，仿佛所有人，每一个人，都可以看见和注视——这是自恋层面的——但更重要的是，寻找某种与其最初的知觉感受相关的东西：关于最初满足体验的退行性原初心理状态。这些行为难道不是可以理解的吗？

当然，就像向日葵寻找太阳的注视，这些人会在网络上的某个地方展示自己，让人们可以看见，获得他人目光的投注，他人的目光仿佛有阳光的功能，让他们得以存在。或者，他们会去其他可以让自己被看见的地方，甚至在性行为中，或全身心投入自慰这个抚慰任务时，这至少能让他们平静一会儿。

关于创伤有以下不同观点：无法代偿的过度性唤起，最初养育客体的功能缺陷造成的后果，自我形成之前所经历的无能感，这些结合起来看，总是表明关于过度的事实，一种心灵的溢出，即无法代谢那些正在发生或未能发生的事情。在我看来，这些关于创伤的不同观点让我们能够理解，那些可能被糟糕地爱过、投入不当、被过度性唤起，甚至没有被他们的原初客体看一眼的永恒实存（infinity of beings）——在每个案例中，他们都有明显的自恋创伤——会在不计其数的约会网站上，找到一个将他人当作爱情的海市蜃楼出售的巨大窗口。它是欲望满足的虚妄承诺，或至少是一个可以得到庇护的藏身之所。

当"他人即地狱",[1] 搜索便聚焦于没有承诺的关系纽带，拥有一个又一个客体的可能性，一个又一个，仿佛一个人从未拥有过的好妈妈可以在无穷无尽的市场上找到或买到；或者与此完全相反，逃离所有关系纽带，以免受苦。无论如何，他们寻找的是短暂的、令人上瘾的、持续的性聚会，以寻找无法找到的满足和平静。所有这些海量的图片和个人资料，是否有助于幻想自己的绝对可接触性，不管这种接触有没有包含性，都可以承诺对失败进行修复，并且点击即得呢? [2]

自己或他人的辅助兴奋系统发生故障或遭遇入侵时，可能会有几种反应：之前提到过的试图控制创伤情境的精神亢奋，和／或驱力中断——一种真正的麻痹，就像丹妮拉那样。此外，正如我们将在后面看到的，还有现今流行的新奇事物，一种从自己的根源上的彻底切割和一种个体亲手打造的自我创造的自恋胜利。

显然，众多反对态度有一个共同的目标："在和平

(1)　引自让-保罗·萨特（Jean-Paul Sartre）1945年所撰戏剧《没有出口》（No Exit）。
(2)　见"8　自我繁殖：被看见或死亡"。

中"努力生存。

当原初客体已经成为一种创伤来源，通常从青春期开始，寻找爱情的客体会变成一种强迫性重复。

在这些案例中，与这些人一起工作的精神分析家要经受考验，因为他们必须象征那些此前不存在的东西。温柔与感性之间的断裂非常明显，因为个体会逃离所有具有精神主体性质的彼者，他们倾向避免与人或有交互性的客体产生情感纽带。

然而，尽管过度性唤起可在网络上找到出路，但网络提供的永恒的海量供给，也关涉一种永久的性唤起来源。内在和外部的性唤起似乎是相互作用的。网络像一种毒品，既是性唤醒的触发器，又是镇静剂。被唤起的人要么可以为他们的焦虑找到一种镇静剂，要么可以变得更兴奋。网络给人带来一种陪伴的错觉，缓解了孤独感。这是一个骗局：这是完完全全的孤独。但人们自欺欺人地等待着有人在这个媒体上出现。用一位病人的说法，"那里实际上没有人"，只保证有活在幻想中的人。

网络令人上瘾。有人对我说："我会查看我的手机。我知道没有人给我发信息，但我会一直查看。"因创伤而产生内心不满的人在一个以创伤性性唤起为特征的社会环境中构筑了自己的巢穴。内在和外部进行着交流、相处、联系和对话。以伪装为标志的社会似乎能为主体提供爱情外衣，以及匮乏的认同与平静。这是一种纯粹的错觉。

我们不应忘记，网络会让人上瘾的另一个原因是，当一个新人出现时，为了让他们支付注册费并将他们套牢，网站在开始时会向新用户及潜在客户投放、供给、轰炸大量可能的联系对象，以便创造一种错觉，让他们认为这个方法有效，而且从一开始就非常成功。然而之后便空乏无味了。到那时，我 / 你 / 我们已经被一开始的承诺成功套牢，这由一个强大的营销系统框定，需要麻痹感情以服务于商业目的。

依据这种情况发生的时刻，人类在性唤起溢出后发生的性行为总是创伤性的，会以许多不同的形式出现，而这些形式也同样取决于个人的防御方式。依据一个人自恋形成的阶段，这种创伤差异巨大。举例来说，当自我 / 非自我的分离尚未发生时，或者当自我更明确时，一个人经历的创伤有所区别。但是，如果心灵受到了攻击，人总是会试图重建、阻止，或减少创伤对他们造成的自恋损伤。他们就像被巨浪拽着的人，会试图恢复内心的平静，在这个情境中就是要恢复他们的自恋认同（narcissistic identity）。他们就是这样做的，而且会继续这样做，这取决于他们每一个重要发展阶段中可运用的防御机制。

因此，当过度性唤起破坏了自恋结构，极端的性行为就会超越规则范围：我们要么发现人们对性完全冷漠，要么与此相反，拥有一种无法停止的性唤起和奇异的性形态。在这里，我们看到内在问题如何在当前的技术中，完美地找到新的工具来获得平静或加剧症状。寻求平衡和平静的目标，有时会自相矛盾地转变成一种成瘾，意味着一种永远无法得到满足的欲望，一旦获得了第一次满足，就需要下一次，就像一剂毒品。

6

毫无品质的彼者

强烈的自我主义是防止发病的一种保护，但最终我们必须开始去爱来防止发病，如果沮丧使得我们无法去爱，我们必然会陷入病态。

——西格蒙德·弗洛伊德，

《论自恋》（*On Narcissism*），1914

今天，爱正被主动转化为性欲，而且出于同样的原因，作为一条律令执行。性意味着成就和表演。性感则代表资本的增加。具有展示价值的身体已成为一种商品。与此同时，大他者被性欲化为一个客体，以获取性唤起。

赛博格时代的爱情面孔

当他性从大他者身上被剥离时，人就无法去爱——人只能去消费。至此，大他者就不再是人；取而代之的，他/她已被肢解成性欲的部分客体（part-objects）。再也不存在"有性欲的人格"（sexual personality）这样的东西。

——韩炳哲（BYUNG-CHUL HAN），

《爱欲之死》（*The Agony of Eros*），2015

我们在上一章已经看到，当前关于性的观点——情感与性爱之间的分裂——如何使作为情感与性的总和的心理性欲遭遇失败。我们已经看到，扁平、基础的形象如何成为全球无尽供应的商品；一个简单的图像从一开始就预示着一种同样乏味的关系。供应的数量和多样性既令人着迷，又让人幻想在一个由连接组成的世界中存在不断改善的机会。

古老的爱情概念丢在了哪里？爱情必然意味着脆弱和依赖，它提供的痛苦与快乐一样多，因为它来自所爱的那个人。这是一个自拍时代，象征着爱自己（self-love）。自拍意味着一遍又一遍地看向自己，无视彼者，视自己为另一个人；这是奥维德笔下的纳喀索斯的最佳化身和变体，他为自己倒映在水面的美丽形象而倾倒，因离它太近而溺水。自拍像都是十分特别、令人惊艳的。这就是我又一次在这本书中提到它们的原因。你可以把手机或相机放在一根用来延长手臂的杆子上；一个人的身体被拉长，用假肢无视自己的身体长度，为自己拍照，被自己迷倒。接着，展示自己，为了让每个人看到——也意味着谁也不为。但是，彼者在这场演习中自始至终都没有一个特定位置；他们并不重要，与自拍完全相反，自拍甚至可以改变所在位置的背景或风景。

对如今这个时代的大部分人来说，不再流行的爱情已让位于一种冰冷的性行为，仅将彼者理解为一件物品。是这个人还是那个人，都无所谓。上一章讨论过的爱情和情感的断裂，已变为一个深渊。作为一种释放的性、硬核性爱、"约炮"或网络性爱，都在无视对方的人格和性格。干净的性爱，没有汗液和体味，如此整洁，以至于缺失了客体；无接触的性，没有另一个身体，没有黏腻或干爽，也没有彼者的参与。按不作承诺的交互次数来给性爱打分，与爱情的依赖性形成了强烈对比，而后者被人视为软弱。

甚至对文本、短信或 WhatsApps 的普遍且过度的使用，也是在把回避错认为情感联结。如今，打电话的人少了，但是收发的文字信息不计其数；表情符号使用得越来越多，取代了书面语言表达的细微差别，也取代了情感表达的细微差别。一个笑脸、一个吻、舔嘴唇的舌头、一滴眼泪或类似的表情符号，正在取代爱、欲望、愤怒、欢乐，以及我们无限多样的感受的细微差别和复杂性。人不再参与其中。

当使用得当时，短信是非常有用的，但若用于替代情绪语言，就会变成灾难性的了。情绪语言的消失似乎再一次指向了对亲密和彼者的逃避。回避说话，回避发声，回避情绪，回避身体；更重要的是，回避爱。弗洛伊德说过，爱保护我们远离病态。我们将会越发地病态。我们不需要爱上一个与我们有差异的人，这就是当前的现实。

与无数无关紧要的人发生冷淡的性行为时，数量变得重要。这被当作一种行为体验、一项运动成绩或一种魅力的体现，因而也是一种力量的表现。这个月你和多少女孩发生过性关系？这种玩弄女性的范式正在日益激增。厄洛斯正在离场，为性征服所带来的快乐让路，而性征服对彼者的特殊性一无所知，退化成一种成就"丰功伟绩"的手段。其中的逻辑是：因为我能引诱到他人，所以我有价值。是否有人爱我并不重要，只要有人想要我就行。但我不会去爱，我就像一个瘾君子，必须不知疲倦地寻找下一个人，会被我的魅力吸引，与我发生性关系，让我感觉到存在和 / 或被重视。

向神秘的情欲和幻想道别。色情抹杀了他性，抹杀了彼者所有的复杂性。彼者变成一个别人（an other），不再具有将他与其他人区分开的特性。所有的事情都遵循一个逻辑，即"海里总还有更多的鱼"，或者"新人胜旧人"，又或"这个和那个一样好"。对客体的冷漠占了上风，彼者的特殊品质逐渐淡化。爱的客体在欲望的客体面前失去了价值。

"占有、了解和掌控是权力的同义词"（Levinas，1979），它们在今天变得非常重要。当爱意味着占有、了解和掌控时，便意味着攫取和控制。这不是爱。

"客体已经成为一种恋物癖化的客体（fetishised object）"（Kestemberg，1978），[1] 缺失了他们之间的差异

---

[1] 移情让人联想到"与客体的恋物关系"。这是由埃弗利娜·凯思滕伯格（Evelyne Kestemberg）在《与客体的恋物关系》（*The Fetishistic Object Relationship*）中提出的概念。"这是一个包含客体的自体性欲组织，但并不代表或说明客体与自己不同。它发生得太早，是一个与主体有关的结构，即母子关系产生的首个结构。在这种背景下，恋物癖化的客体关系意味着主体将客体驱逐出自我之外，尽管这个客体与自我、主体并无区别。……这个恋物癖化的客体并非主体的一面镜子，而是其外在的复制品。这样一来，外部客体就成了主体的自恋性保证。"

性特征，那些他们独有的特征。那个需要一个不同的彼者去爱与渴望的爱神厄洛斯似乎正在死去，留下纳喀索斯作为唯一幸存的赢家。我们用自恋的方式去爱，也就是说，我们爱自己胜于一切。

客体仅仅基于一个有吸引力的脸蛋或是身体而被渴望和喜爱；因被想象成某人自己的一个可能的复制品而被渴望。客体被剥去了其根本差异和他性，这实际上隐藏了以这种方式行事之人背后更大的创伤，预示着人们正退行至尚未解决的分离个体化时期；这个阶段更有可能出现在母婴分离的早期，但出于某种原因未能发生。为了说明这一点，我们已讨论了丹妮拉、钢琴教师埃丽卡、德克、比弗利山庄大人物，以及许多其他没有在这里描述的例子。

精神分析假定人类子女与其客体母亲之间存在早期的分离个体化（Mahler，1968）。虽然在贯穿整个治疗过程的某些退行和重复中经常能观察到，这些分离不能发生，也没有发生（如丹妮拉或埃丽卡的案例），但产生的破坏性影响之间的差异取决于经历创伤的时间：渴望不再渴望，不顾一切地试图在原初客体母亲的持续囚禁之外生存，导致出现自残行为（如埃丽卡），甚至自杀企图；他们以一种成瘾的方式展现对客体的渴求,以保持对它们的恒久依恋（如德克）,这甚至可能会导致虐待式的情感纽带。我们可以在这里探寻到不同形式的受虐关系的起源。

社会学家将对客体的渴求描述为对身体的极端消耗,始于对这些身体的感知和想象:在我看来,这一事实与我们在不同类型的早期创伤发生时对客体的渴求有关。

这里讨论的案例首先证明了一种界限病态（limit pathology）:正如该术语所暗示的,是一种内在与外部世界之间,以及精神实体之间存在多孔边界的病态,是一种使压抑功能失效的方式。

在所有这些案例中,无休止地寻找一种从未拥有的精神印记;或者正如我在上一章中所描述的,一种创伤性的过度性唤起淹没了心灵的处理能力或联结能力,只得一遍又一遍地重复。在这些案例中,人们像罪犯一样重复着个人的紧张感,个人的伤口,一心寻求解脱;性唤起无法被安抚、弱化、控制,一心寻求释放。一个人强迫性地重复,就像西西弗斯[1],他必须再次举起将会再次落下的石块,或者像飞翔的荷兰人号（Flying

---

[1] 希腊神话人物,因触怒众神,被罚把一块巨石推上山顶,而由于巨石过重,每每未至山顶便又滚下山去,他于是只能不断重复、永无止境地做这件事。——译者注

Dutchman)[1]，必须永远航行。一个人不断重复的正是他无法言明的——强迫性重复的定义中，恰恰包含了一种不可能的倾诉。

弗洛伊德在《论自恋》中提出，对自我的爱是每个人最初和最根本的，先于所有的投注（cathexes）和后来的客体选择。这里存在一种把自己当作客体的投注。也就是说，把自己当作一个客体去爱，这种爱对自我的构成是正常且必要的；一种至关重要的自恋的爱永远不会真正消失，并且会持续一生：客体投注始终存在，就像"阿米巴原虫的身体与它突出在身体外面的伪足"（Freud，1914）。也就是说，在对客体的选择之下，对个体自己的爱仍在继续，并且必将作为一种终生的自我保护方式而存在。

爱情正是在这个"介于相同与差异之间"的空间中发展起来的（Sopena，2014）。甚至在最自恋的爱情中，也总会留有一些客体的印迹。但如今，尽管必定存在一个客体，却不被承认。就像德克，有些人离开咨询室后会奔向释放其性紧张的第一个机会，必要去见一个不被

---

[1] 民间传说中的"幽灵船"，经常如幽灵般出没于失事的海域，永远无法靠岸，常作为厄运的象征。——译者注

视为独特客体的别人。这不过是一个毫不相关的别人。主人公德克对这个别人完全不感兴趣。

总而言之，弗洛伊德在 1914 年区分了两种类型的爱的客体的选择：一类是自恋型，指向一个人现在是谁，过去是谁，或未来想要成为谁——一个理想的人，具有自我理想化所欠缺之物，曾是自我的一部分；另一类则依据情感依恋（anaclitic）模型，指向提供养育的女人和提供保护的男人（Freud，1914）。

但弗洛伊德随后补充了一些重要说明。在恋爱的状态中，性客体被提升到性理想的位置，因为对客体的情感依恋选择基于"满足了婴儿状态的爱，我们可以说，满足这种爱的状态的任何东西都会被理想化"（Freud，1914）。"因此可以说，付出爱的人丧失了一部分自恋，而这只能由被爱置换。"（Freud，1914）

有了对自己健康而完整的爱，个体就不再只专注于自己，而能将焦点投向别人。人类在选择具有不同特征的爱的客体——即使这些特征中总会包含一些来自他们自身的特点。然而，在互联网时代，有些东西似乎正处于消失的边缘：对彼者的想象和理想化，以及对差异性的容忍，还有对具有差异性和复杂性的彼者的渴望。

如今有一种将欲望理性化的倾向：就像我们在约会网站上看到的，倾向于避免坠入爱河，像躲避瘟疫一样逃离情绪。人们主要以自恋的方式选择客体。不被爱时感到沮丧，爱和被爱时又感到软弱，因为这会使个体处于一种依赖的状态。显然，最好远离这个循环，从而避免痛苦。

如今，许多人感到无力搜寻任何东西，除了一个虚构的复制品，一个个体自身的幻象。新技术为性交换提供了无尽的选择和机会，总在暗示可能存在更好的东西。我们的社会厌恶千篇一律，厌恶生活在"一个无差别的地狱中"（Han，2015）。

我在另一些论述中（Burdet，2013a，2013b）举过乔迪（Jordi）的例子。他在性事方面做了一切尝试，没有偏好，来者不拒：异性恋、同性恋、交换伴侣、三人性关系……似乎对他而言，任何性行为都是一个不错的选择，以便逃避将他排除在外的原始场景（类似于代表父母性爱的场景），以及以性和代际为标志的不可避免的差异所造成的痛苦。乔迪偏好的幻想具有性唤起目的，包括想象一个同时被赋予乳房和阴茎的异装癖者的身体。乔迪自恋地完成了一个对阴茎母亲（phallic mother）的幻想，它似乎主导了一个真实的、生理的性的"可怜现实"，即一个人不能也不会拥有一切。乔迪曾痛苦地抱怨，将纯粹的机械式性爱作为一种放松方式时，他会感到痛苦。对他来说，这还不如与一个意象发生性关系，这个意象可以既是男人又是女人。

回想乔迪，我会自问，在这个案例中，他的同性恋身份是否没能保护他免受危险的差异的威胁，当然，还有一种差异，其紧张和危险可归因于另一个性别。乔迪近似于格林（Green，1973）描述的"中性"（neutral gender）。它被理解为一种幻想，即逃离女性气质和男子气概，也就是追求一种"空性"（being nothing）的可能，等同于"自给自足的理想状态"。在同一篇文章中，我还提到了另一个有着同样幻想的案例，但这次是一个女人。她幻想自己拥有一个阴茎，这让她觉得自己是世界第八大奇迹。

这些案例传递出一种对达成自恋的不健康的渴望，将彼者彻底排除在外，同样显得引人入胜，令人兴奋。必须指明的一点是，这两个人早期都曾暴露于父母性交的原始场景，这在他们身上产生了一种难以约束的强烈性唤起，也引发一种幻想，幻想他们被邀请进入原始场景，而不是感受到被排除在外，并基于这种排斥构建自身。

许多关注新性行为发展的精神分析家的研究表明，一些带有奇异色情脚本的奇异性行为，只不过是临时创作，是一种"保持主体认同感所需的心理生存技巧"（McDougall，1978）。

总而言之，在许多情况下，为了接触彼者，这个新世界武装了那些在自恋结构和自我与他人之间的区分方面有缺陷的人，尽管其代价是消灭了因差异而被选择的一个别人。这个受损的主体掌控了屏幕以及屏幕后面的东西，仿佛它是另一个自我。在这些情况下，性行为和客体服务于力比多稳态（libidinal homeostasis），一种自恋式的力比多稳态。

从心理学和精神分析来看，病态明显服务于客体无关性，社会学家也报告了同样的现象：抹杀差异性，培养对挫折消失与即刻享乐的崇拜倾向，并以此为理想。我们身处一场仅是独白的对话中，对话的双方是想要获得治愈和达成理想的人，他们的目标不再是爱上一个别人。

在对前面提到的某些约会网站上的人群进行简短研究后，我意外地发现，他们每个人先描述自己，然后寻求一个与自己完全相同的人。彼者是无趣的。我们寻找"像自己"的人，就像镜中的倒影；我们在寻找一个影子，一个自体的映射。

从另一个极端也可以得出相同的结论：我们发现激情的爆发可以在没有身体参与的情况下发生，而这正源于身体的缺席。通常，当网络性爱成为接近彼者的唯一手段，而虚拟空间之外的现实关系几乎不存在时，网络激情就会爆发。然后，寻找自恋联盟——"两个人的疯狂"的倾向增加了。哪怕开始时如山崩地裂，但什么也比不过日常生活的现实，能一下子把激情拉回人间。

希尔达（Hilda）五年来一直坚守在电脑前，和男朋友通过 Skype 聊天、视频。她住在西班牙，而男友住在印度。他们爱得很疯狂。希尔达的家人在最初的几年非常担忧他们的关系，曾集资让她的男友来亲眼看看他的激情对象。男人来了，然后又回去继续履行他的职责。没有任何改变，因为没有足够的时间来改变。他们两人谁都没有真正的兴趣会见真人。正如希尔达所指出的，他们在网上非常了解对方。在这种关系中，屏幕已经变成一道界限；双方都表示，他们并不需要两人的身体出现在同一个空间中。他们就是以这种方式相爱。在我看来，他们彼此相爱，却完全无视对方是谁。一个人疯狂地爱着彼者，强烈程度如同彼者爱着原初之人，沉浸在一种崇高的、广袤的、融合的感觉里。希尔达很清楚：这是她的选择，她想要继续这样下去。

远离彼者的身体，越来越成为千禧一代或 Z 世代的事实特征。这在之前的几代人中并不常见，尽管我们知道男性更容易通过图像或电影而不是通过他们的伴侣获得快感的情况越来越普遍。这意味着他们去除了彼者的肉身，不再与身体、汗水和气味一起……"这多容易，多放松！"一个男人告诉我，"根本不需要花太多精力去完成前戏，只要关注自己就够了。"这更简单，无须卷入任何关系。"被拒绝的彼者"这个问题非常明显，而在我看来，这极其重要。

色情制品或排除彼者

色情制品已经完成对彼者的刺杀，要不然，彼者也会被排除在日益增强的不需要关系的潮流之外。

色情制品很难界定，不过埃斯特拉·V. 威尔顿（Estela V. Welldon）还是给出了一个非常有说服力的定义：

> 色情制品的作者想要成功地实现他们的目标，必须知道和正确猜测哪些意象与语言——或者正在使用的任何东西——会刺激和引发不可抑制的性唤起。（Welldon，2017）

色情制品的获取方式简单直接且数量巨大。它的形式有无穷的变化。现在还出现了一种全新的现象，即"免费色情"，包括上传到网上的自制色情电影，不受限制，也无须审查，可以当场拍摄并上传，因此无法对其进行控制。它正在广泛传播过去仅属于私人领域的东西。这已彻底改变原有的情况。公开展示的性爱常常接近暴力，往往包含狂欢或变态场景。它不经任何审查，营造类似青春期的人际关系。很明显，没有人能够确切掌握这些私人材料来进行正确的审查。

在访问了其中一个页面后，电脑屏幕的角落会弹出广告，因为智能系统已将用户数据保存在其强大的数据库中。此外，提示会出现，表示有人可以提供免费的，通常是即时的性服务……或者，弹出类似在线性用品商店的色情广告。

由于免费色情不断增加及其扩散难以控制，色情行业正在经历一场危机，而它正试图通过根据个人喜好提供个性化节目来解决这个问题。如今可以根据个人喜好来订购特定场景。

谈论爱情的色情化就是在谈论爱情的灭绝。

从精神分析对心理性欲的理解来看，这意味着性的缺失，因为彼者在这个情境中已荡然无存。色情制品是爱神厄洛斯和幻想能力的对立面。更重要的是，它很可能促使作为一种精神活动的幻想的消亡。

色情制品（pornography）一词由"色情"（porn）——妓女（prostitute）和"书写"（graphy）——写作（written）组成。最初，这个词用来描述对妓女生活的书写。

色情制品有其危险性，主要的危险在于它不是性欲的。

　　色情制品强化了一种习惯，因为它抹去了他性。它的消费者甚至没有一个性伴侣。因此，它占据了"唯一者"（the One）的场景。色情制品中的形象对大他者或真命天子（the Real）毫无招架之

力。……色情制品的本质恰恰是缺乏与大他者的沟通和相遇。(Han，2015)

色情制品真正的威胁在于扼杀了性。这里再次引用韩炳哲的文字：

色情制品的力量源自对鲜活的性行为中死掉的性的期待。色情片中的淫秽并不是性过度，而是其中根本不存在性这一事实。(Han，2015)

尽管如此，仍有一个问题值得强调，可以在这种后果如此有害的可怕情境中增加一个不那么消极的观点。色情制品会不会表达了一种与婴儿式的好奇有关的东西，即过去和现在无法看见的东西呢？

色情制品展示了性活动过程中无法被看见的东西。色情制品中的生殖器看起来比实际尺寸大，实际上，视角是在场景中的两个参与者的外部，一个原初场景，而这一次视角未被禁止。我在想，除了前面提到的所有负面因素，是否会有一种梦一般的探索，从这个场景进入另一个空间，一个孕育了我们的属于父母之间的空间，一个我们对其一无所知的空间。这就像受邀通过一个投影仪、一段影像观看一场我们从未能现场观看的表演，一个关于我们源起的场景，这个场景我们始终缺席，并且对其一无所知。

就像我们无法用肉眼看到 X 光展现给我们的东西，感谢电影和场外的观察者，色情制品也向我们展现了某些我们通常看不见的方面，提供了另一个视角。试图了解它与我们的起源有什么关系，穿透进从定义上就把我们排除在外的场景，这可能是色情作品的另一个维度。这可以解释色情制品成功的原因，还可以解释为什么一个图像永远不够好，为什么我们总是不得不参考另一个，因为我们永远无法拥有那个丢失的图像，那来自孕育我们的场景（Quignard，1994）的图像，正如帕斯卡尔·基尼亚尔（Pascal Quignard）所说。当在线生存是性活跃的唯一模式或者是公开展示自己的唯一方式时，也许我们的愿望是为越来越多的色情制品及其致命的本质添加一个积极的和人性化的注解，而使其不再仅是在某个时刻激发一对伴侣欲望的调剂品。

7

作为爱的客体的小装置

技术从来不只是工具。

——谢里·特克尔（Sherry Turkle），

《屏幕上的生活：互联网时代的身份认同》

(*Life on the Screen: Identity in the Age of the Internet*)，1997

与任何其他物体一样，新技术的交互界面——智能手机、电脑、平板电脑——已经不仅仅是工具。普鲁斯特著名的玛德琳蛋糕（madeleine）绝非烘焙店里出售的普通的玛德琳蛋糕。[1]除了得知道玛德琳是什么：对面包师而言它是蛋糕，对化学家而言它是分子；玛德琳蛋糕或智能手机对不同的人而言永远代表不同的东西，因为原质（das Ding）无法被理解。如果对普鲁斯特来说，蛋糕在政变时起到了催化剂的作用，那蛋糕就成为一个触发器，让人在寻找言语时出现和唤起感觉——在一个揭示了一个独特的充满情绪的内在世界，并成为一座巍峨的文学纪念碑的文本中——我们可以期待技术终端也会如此。玛德琳蛋糕变成一个内在客体。智能手机或任何其他装置也可以如此。

今天的工具，包括各种智能手机，各种带屏幕的装置，为我们提供了非常多样化的功能，与普鲁斯特的小说相似，为情感和情绪提供了一个具有多种功能的投射空间：玩耍、连接、陪伴、知识获取、搜索、学习……这些都发生在一个全球化的世界里。

智能手机代表了数字时代的客体之一，甚至是虔诚

---

[1] 马塞尔·普鲁斯特（Marcel Proust），法国文学家，著有《追忆似水年华》（À La Recherche Du Temps Perdu）。玛德琳蛋糕在该书中多次出现，是主人公开始努力找回失去的时光并促成写作的催化剂。玛德琳蛋糕因此成为意识流小说的标志之一，也引申出"无意间的回忆"的含义。——译者注

的数码客体中的最佳代表。作为一个主体化工具，它的作用就像另一种可供随时使用的手持设备——念珠。智能手机和念珠都是为了实现自我监控和控制。……点赞则是数字化的"阿门"（Han，2014）。

这个被珍视的、理想化的、强大的装置也起到了延展身体这一功能。

设备已被情感化，变成一个陪伴我们的爱的客体。我思考了很多当前设备本身激发的不可否认的感知和感性，包括像色情制品这样的内容传达的感性。这些设备的设计非常精妙，惹人喜爱。一些屏幕、鼠标、笔记本电脑邀请我们触摸，让我们在上面划动手指，在看见各种色彩或听音乐的乐趣之上再添加这个小小的乐趣，让人感觉像是去看电影，或在抚摸一尊雕塑。智能手机的界面设计，让我们的手指可以在屏幕上滑行——不再需要敲击键盘。我们惊叹于这些技术创新，其界面和质地能够产生（通常是愉快的）身体知觉。更不用说那些专门用于触摸设备的设计，如机器人娃娃。它对女性体型的模仿栩栩如生，且质感与人类皮肤高度相似。

就像一件艺术品、一场音乐会、一部电影或一块布料，装置可能唤起快乐或不适。它可以唤起感官和精神上的愉悦，因为它传达的内容及其自身呈现的素材会唤醒欲望。技术性的身体延伸设备，因其设计精致、材质上乘、声音悦耳，被人们看见和喜爱。该设备有它自己的保护壳，有它自己特定的感知系统，以及视觉或触觉效果。触摸屏是可以感觉到的，另一个人在屏幕上的形象是可以感觉到的（Hernández Busto，2013）。而对于目前作为数字手表佩戴的、直接与手腕皮肤接触的小型计算机，你又作何感想呢？

儿童渴望五彩斑斓。不仅仅是儿童，成年人也对屏幕上的色彩着迷。例如，与书中吸收光线的颜料不同，屏幕上的数码颜色会在小装置上发出光线，因此变得极具吸引力，在高品质的视网膜显示屏上更是如此，但它提供的图像并不真实。虚拟的东西与我们的自我身体（ego-body）缠绕在一起。小装置已变成一个客体，一个爱的客体。

今天的屏幕对儿童发挥着一种功能，其后果是我们无法预见的。比约克林德（Björklind，2014）描述过一个女孩的案例，她还在摇篮里就开始接触父母的 iPhone 和 iPad。随着女孩的成长，她开始亲吻她的 iPad，因为它为她提供了触觉、视觉和听觉上的满足，这也在某种程度上弥补了她母亲在亲密关系上的困难。亲吻 iPad 可被视作亲吻母亲的替代品，尽管 iPad 也是作为一个过渡性客体被使用，即代表过渡的客体。iPad 在某种程度上是父母的一部分，同时也不是，它构成了一个中间空间（half-way space），放置着孩子与其祖先的情感关系。

孩子与设备之间的爱的关系、欲望关系和诱惑关系都是显而易见的。

小孩子开始给她的祖母发送讯息和精心挑选的表情符号，这是她与所爱之人间的一种爱的关系。这个小装置成为一种情感载体，一种用符号生产和接收快乐的方式。图像充满了情感。孩子挑选了她认为引人注目的符号，并开始爱上这个设备。

机器对女孩来说是一个熟悉的客体：它实现了一种如父母般的照料和结构化功能，一直陪伴着她。它提供了一种与父母不同的抚触，不同的声音，但只要它提供了这些，满足感就会维持孩子对它的感情。它成为爱和欲望的客体，当它不能用时，孩子就会大发脾气。

从女孩与其设备之间的关系中可以推断出什么意义或功能？它的意义类似于分析家可以赋予病人的表征意义，即使还没有一个词可以形容它。它是一种伴奏，融入图像、文字、故事，可以与另一种来自父母的声音相媲美吗？事实是，女孩跳起来亲吻她的屏幕，就像取回她的泰迪熊或其他熟悉的东西时那样。这个设备已成为一个情感对象，一个富有意义的情绪承载者，就像一个用以投射情感的接收器。父母用一个设备实现了过渡性客体的功能，这个设备作为过渡性泰迪熊的现代变体，以其特殊的触摸方式被触碰和亲吻。它实现了一个外部客体的功能，甚至可以被爱和爱抚，而在这个案例中，它也实现了一个内在客体的功能，变成女孩自身的一部分。

这台机器表现得如同一种自我身体的延伸，有时，当手机遗失，一个人会因出汗和心悸等躯体反应而感到痛苦……人与机器之间的关系已经变得如此密切！仿佛这种商业物质对象包裹在不可否认的感官中，已经在双重意义上取代了虚拟现实：客体作为彼者，是不同于自己的另一个人，同时，客体作为自体的延伸，也成了主体。一方面，机器可以陪伴；另一方面，机器也可以成为身体的延伸。杰拉尔丁（Geraldine）告诉我，当她开始感到痛苦，甚至她还没有意识到这一点时，她就会把手机拿出来触摸，看看应用程序和消息。如果没有新消息，她就重复这些动作。

我们看到，这个小装置是如何在每个人的内在和外部世界及两者的夹缝中坚持着些什么。这是工具与其主人之间的对话，主人又转而联系同样在设备背后的其他人。因此，这些对话分设于两个层面，会产生不可避免的修正和影响。很明显，这些修正将取决于每个人的特殊性及其对设备的使用。

正如虚拟现实所支持的，我们的工具也阐明了我们的内在世界，以及我们对它的投射。反过来说，每个用户，以及所有用户的总和，都倾向于阐明并塑造那些能满足我们的新欲望——被看到和连接——的工具。这确实是专注此道的企业的目标：研究和生产越来越多的应用程序，能够通过一台机器，满足我们情绪化的欲望。我们的情感性被用于其他更商业化的目的，而不管我们是否情愿。新出现的需求，是一场身体机器（body machine）与心智之间的对话，也是一场在机器与生活在这个被称为"虚拟现实"的革命性现实中的精神实存之间的对话。

弗洛伊德在《文明及其缺憾》（*Civilization and Its Discontents*）（1929）中问自己，在心理幻想中，他那个时代的新机器的必然结果是什么。接着，他指出了对权力的幻想。如今，我们会明确地说，在某种程度上，这确实是真的，尽管还有更多的东西要讲。这也是我在这里试图问自己的问题，但还无法实际给出明确的答案，因为我们对新技术及其设备的使用是近年才有的。尽管如此，还是可以提出一些问题，提供一些答案，打开一些思路。

这个小装置是一个技术革命的产品，可把玩于骨掌之间。从字面上看，虚拟现实就在我们手中。我不记得我在哪里读到的，但显然，最新一代智能手机容纳的信息量与美国航天航空局第一台计算机运用的信息量相当。

虚拟现实

亚力山德拉·莱马（Alessandra Lemma）指出，网络空间：

> 改变了内在现实与外部现实之间的关系。通过制造一种对真实事物的错觉，它绕过了理解内在和外部现实是相互联系而不是相互等同或分离所必需的心理工作的需求。（Lemma，2016，p.17）

但我发现，关键的是，虚拟空间里的投射世界被人们当真了（Fonagy & Target，1996）。驱力模型还能解释正在发生的事吗？这个问题影响深远，而我们会坚定地回答，因为客体总是一种滑动的产物，是一个客体对另一个客体的置换，以实现拥有最初客体的幻想——个体从未拥有过这个最初客体，却认为自己已经拥有了：这个事实作为一个发动机，总把人推向一个不同的彼者，而这个彼者永远无法等同于他第一次感知到的爱。人类总在追寻那个代表着失乐园幻想的客体，在那里，人拥有一切。

虚拟现实，顾名思义，是一种新的现实。它是一种现实，尽管顾名思义，是一种虚拟的现实。正如德勒兹（Deleuze）所说，"其内有一个它并不能代表的图像的实存，即虚拟不与真实（real）相对，而与实际（actual）相对"（Deleuze，1994，p.208）。鲍德里亚则谈及一个"完美的犯罪"，即虚拟现实用一个替身取代了现实。我的理解是，能被替身替换的东西原本就属于外部世界（Baudrillard，1996，p.25）。

这是一个美丽的经过深思熟虑的表达，很好地展示了一个事物如何能替代另一事物，而它实际上是第一个事物的翻版。这再次强调了现代世界的自恋倾向，这是本书观点的基本前提和出发点。

但我发现，虚拟现实的概念在莫雷诺的《精神分析的审视》一书中成了一个彻底的新元素，该书提供了一个我完全同意的深刻思考。莫雷诺提醒我们，虚拟现实的概念出现在 1989 年，由软件公司 Autodesk 提出（Moreno，2016，p.37）。这些图像不仅仅是一个标志或符号，唤起了并非"真的"存在于那里的存在（或不存在），它们构成了一个图标，营造了一个客体存在和在场的错觉。也就是说，这些图像并不指向任何客体，无论缺席或是在场，也不为其存在提供意义，它们只是凌驾于其上。这本身就是一个新现实。这是我想强调的重点。莫雷诺认为，虚拟现实渗入了表征与被表征之物之间的裂隙，这是自弗洛伊德以来使用的经典描述，我将在后面讨论。

巴迪欧（Badiou，1989）创造了事件概念，根据这个概念，"真理总在知识里凿洞"，而不适用于表征。这似乎与莫雷诺表达的意思一致。这是一种聚合性行动，改变了意义的原意（Badiou，1989）。

虚拟现实有一个很大的优势，摆脱了一个通常所说的"狗追着它的尾巴跑"的恶性循环，其中包含客体缺失的新现实，被称为"虚拟"，尽管我们觉得客体是在场的，或者我们想象它是在场的。这些今天不可否认的事实，构成了虚拟现实。

这个想法在我看来是创新性的，因为它补充和丰富了经典理论，而且没有推翻它。

从对心理及其形成的深度理解来看，自弗洛伊德以来，人们认为身体的感官体验（轨迹、图像、颜色、疼痛、愉悦）随后会被体验为与身体感觉相类似的轨迹，变成物表象，之后又变成词汇或语言表征。正如我已经说过的，继弗洛伊德的概念之后，驱力概念被借用以描述这种身体体验过程的心智化。我提出的假设是，这些最初的原始的快乐（触觉、听觉、视觉），可能通过技术设备提供的触觉、视觉和听觉接触找到了出口。设备本身已经觉醒，甚至连上了某些听到的、触摸到的或闻到的东西，为特定的原始享乐轨迹赋予意义。

尽管它可能看起来是一台冰冷的机器，但这并不是它通常示人的样子。该设备被投入情感并被情感包裹。它唤醒了感性，并能重振未受心理转换的感性。它可以将感性复苏、呈现或戏剧化。它将感性置于舞台，在虚拟现实的舞台上表演，而这种新的感觉可以加载新的意义，或者以不同于词汇表征的方式呈现自己。

通过向机器投入感情，顺便从世界上抹去与物客体之间的冷漠关系，它就成了一个被爱和被恨的情感客体。此外，那些仿佛从未被誊写成文字的，曾经被誊写却无法说出口的，那些像梦中的肚脐一样遥不可及的（Freud，1900）——凡此类性质的东西，从此便有了一条出路。

在与病人的会谈中，精神分析家通常与联想过程一起工作，这一过程中，某一体验将是随后表征的原因；但是，未被表征的东西继续在场，并努力通过莫雷诺的概念中被命名为"连接性"（connective）的过程（Moreno，2016，p.93），或巴迪欧的"事件"表达自己时，会发生什么呢？在这两种情况下，都存在回避表征或能指而仅仅是在呈现自己的事实。

莫雷诺进一步阐述了这一观点。根据这一观点，在合理的——因果关系——东西之外，必须突出和强调单一性。

这种新的理解方式，如肌肤之亲，肢体接触而不是交流推理或想法，让令身体觉醒的元素相遇。这个新方式令人振奋，特别是当我们想到如今我们活得越来越紧密，而"连接性的层面回避了表征。它产生的东西类似照片"（Moreno，2016，p.97）。

这让我联想到病态的见诸行动，法国分析家称之为"行动疗法"（the therapy of the actuel）。这一行为会在外部留下无法转化成文字的标记时出现。在这些情况下出现的东西是不寻常的，因为它不属于以表征结束的联想链。它就这样发生了，而且无论发生什么都是全新的。

从外部获取的，或曾经从外部获取的，就是莫雷诺说的"人之人性"（Moreno，2016，p.58），在我看来，它与驱力中最具驱力的东西更相关，在最接近动物性的意义上，与存在于我们每个人身上的生物性有关。这些东西可以很好地出现在一个设备与一种感觉之间的连接中。接触可以产生一种连接。据推测，互联网将制造和捕捉我们只有在地球上才能看到的各种行为和表达形式。这将是一种截然不同的运作方式，抓住外部而不一定产生联想（尽管也能联想）。引用莫雷诺的话（Moreno，2016，p.58）：

在任何情况下，在人类与陌生人的接触中，连接性与联想性一样，总是被干预……。尽管如此，还是有一种连接疏忽——这也可以被认为是一种排斥——捕获一半靠动物本能，一半靠运气，可以回避表征……。近些年出现的媒体在图像、即时性、避免写作甚至思考的可能性上更具优势——因此，贝尔纳迪（Bernardi，2007）提到的后阿尔法时代（post-alpha generation）……已无疑影响到作为人类创造行为(如果我们认为创造行为不限于优势知识)特别触发器的连接（比一百年前更具优势）。

弗洛伊德致力于关联性（associative）。根据莫雷诺使用的术语，连接性代表了瞬时性，即照片（在今天的实践中，就是在 Tinder 上发布一张照片，寻找一次连接）。人们通过这张照片介绍自己。弗洛伊德在《梦的解析》（*The Interpretation of Dreams*）（1900，第七章）中，谈及从思想认同退行到感知认同，即退行到初级过程；退行到图像阶段时，图像即客体。

莫雷诺的概念不是关于退行，而是关于裂隙（hiatus），一个无法填补的空间，在能够被表征和实际被表征之间，努力出现并寻找一种连接。它是别物，而且是新的。生命早期的每一种感觉都有机会迸发出来，产生其他联想和关联性网络，来到语言阶段，得到转译，就像普鲁斯特的玛德琳蛋糕的味道达到的效果，尽管许多感觉无法达到这种表达形式的高度。换句话说，经验与登记在心灵的表征之间总会存在一个裂隙，而这个表征还未得到转译。莫雷诺坚持认为，我们可以与一个客体融合，就像我们是开放的。并非所有东西都是封闭的，并非所有东西都能完成经验与表征之间的循环。有些东西依然不可知，就像梦里的肚脐。我假设：在我们这个以连接为标志的新世界里，与客体融合的事情在发生，或试图发生。从未与表征联系在一起的东西可能试图出现，而虚拟现实及其设备为它提供了一个产生新连接的特许机会。我们可能无法将科学应用于一切，但精神分析需要对新的事物保持开放，对其理论可能无法解决的事物保持开放。

虚拟现实的直接目的是掩盖被表征之物与表征之间的空间，产生一个模拟，即另一种虚拟的，既非科学也非虚构的现实。即便如此，这种新的现实也不能与现实分属不同类别，正如当德勒兹（Deleuze，1994）声称"所有的现实都是虚拟的"，这就授权我们确认，所有的虚拟性都在生产虚拟性。在客体与其表征之间，有一些东西是无法转化的。其结果是，实存（being）不可化简为知识。我想补充的是，在这个彼现实（other reality）中，有一种关于强烈感性的图像实存、声音、触觉、不记得的记忆，它确实无法表征那些"不仅揭示或显示，而且依照并创建温和且主流的形式"（Moreno，2016，p.43）。

同时，我们无疑必须反思，以便使机器不会压垮我们，不会发展出人类驱力中最强的部分，即我们用机器所延展的那部分身体，反而压倒了我们与一个具身的彼者（an embodied other）开始接触的渴望。昨天我拍下了一家银行前窗的广告。这是另一个现实吗？这就是我们一直在说的，已经被应用在金融领域。我忍不住要把这张图包括进来，这是一则银行广告，它很好地表明：将爱抽空，虚拟现实是如何运用于一切，以传达一个关于永恒的潜意识信息。

将小装置作为爱的客体
进行情感联结的几种情况

我选取了涉及通过身体 / 心灵与小装置进行情感联结的四种情境，来阐述我的观点：一些出现在精神分析治疗中的情境；我的病人的两段简短证词；审视即将上市的性爱娃娃 Roxxxy 的筹备；电影《她》（*Her*）。所有这些例子都旨在阐明，在与小装置有关的非常特殊的情况下，精神装置与安置它的身体之间的关系。

临床治疗中的情况

2017 年 5 月 11 日，国际精神分析协会（International Psychoanalytical Association，IPA）在发给所有会员的在线通讯中，发表了本杰明·切尼（Benjamin Cheney）的一篇文章，题为《手机如何改变了治疗师与病人的关系》（*How Cell Phones Changed the Therapist-Patient Relationship*）。手机已经出现在躺椅上了。它经常躺在病人身边，而由此产生的几个新变量改变了经典的精神分析框架。在任何情况下，不管它在手袋、口袋或手上，我都会将这个设备视为病人身体的一个新的延伸，或者如 G. 安蒂穆奇（G. Antimucci）提议的，作为一个充满意义的别人（Antimucci，2013）。

有些病人把手机递给坐在躺椅后的我，让我看他们的家人、女儿、房子等照片，他们的老板或其他人的电子邮件，WhatsApp 的聊天记录，或 Facebook 上的评论。

在治疗中使用智能手机的方式变化无穷。

有些人以一种防御的方式抓着它。在治疗的框架下，一切都容易受到分析。

通常情况下，病人来做治疗时都会收起他们的手机或将其关闭，尽管有时他们会忘记这样做，但当有电话意外打来时，他们会征得我的同意，挂断或接听电话。有些人则把他们的手机放在手中或口袋里。

两个案例

X 先生第一次进入我的办公室时，显然在为不得不与一位精神分析家交谈的事实所折磨。他问我他是否必须说话，我说我还不了解他。他的嘴唇颤抖着，眼睛里蓄满了泪水。他说他不能说话，这对他来说真的很困难，然后马上把智能手机拿了出来。

我问他，此刻智能手机是否能帮助他，此刻对他来说好像充满痛苦。然后他把智能手机扔在我的桌子上，说他习惯于与上百位雇主交谈，但正如我所看到的，他很难谈论自己。我的感觉是，就好像我觉察到他的某些困惑，而这些东西本应保持隐蔽。我在 X 先生身上察觉到一种十分糟糕的不安，开始时，他说话非常艰难，好像他从未说过令他来见我的严重的痛苦。这种痛苦源于他需要从对即将出国留学的大女儿的爱中分离，而这种爱具有强烈的乱伦意味。他不单单是一个因孩子去留学而伤心欲绝的父亲，就像其他父亲那样。从逻辑上讲，他应该详细阐述分离。但是，X 先生的话语和随之而来的情绪，表现出一种类似与深刻的激情之爱分离的心碎。

在这种情况下，智能手机在这极度痛苦的时刻，实现了一种保护性的拯救功能。智能手机和拿着它的这只手，这只拿着它又扔了它的手，对我来说充满意义。所有这些都带来了关于这个当时几乎无法用语言表达自己的人的信息。它带来了真正的理解要素。在这种情况下，这个设备具有一种防御性的反恐惧功能。

智能手机是调解者。它们存在于自己与彼者之间。它们使我们置身于我们所在空间的内与外。如果我们手中有一个设备，可以让我们在任何时候去别的地方，为我们带来逃离的可能性，那么，我们就算在空间之内，但并不受束缚。我们都曾见过夫妻在用餐时，其中一个人，或者两个人都拿着智能手机——也就是说，他们在当下既不是只与他们的伴侣待在一起，也不是只与他们的手机待在一个世界里。

杰拉尔丁（Geraldine）和她的智能手机也有相似的情况。她永远处于联网状态，这是我们大多数人都处于联网状态的新世界的一个典型。让我们听听她是怎么说的：

当我开始与保罗约会的时候，我的手机变得极其重要。我的整个恋爱都是受这个设备调节的。我知道他与其他女孩的关系，我知道他在做什么。我密切关注他。每次我上网的时候，我都觉得他在注视我。他查看我的资料，我朋友的资料，我的Facebook 资料。我也会屏蔽某人。我的手机是我内心世界的投影，我通过一些东西看到它，但我知道它是如何刺激我的……电子邮件、Facebook……除了我的私人生活，我还用我的手机处理与学习有关的所有事情！我的手机就在我手里。在家里，我也到处带着它，甚至包括去洗手间，它是唯一能让我放松的东西，它就像新的音乐。我用它看论文、看电视、真人秀、Instagram、各种电视剧……还有色情片。它让我兴奋，也让我平静。说回到我的伴侣身上吧。我知道他知道我在关注他。我曾在早上五点上网，就是为了让他看到，让他嫉妒。这样一来，我就再也不孤单了。我和我的手机活在共生关系中。我的手机和我总在一起。我带着它去洗手间，当我与别人不和的时候，我就会屏蔽他们。这就像拥有一个可爱的玩具。我在寻找一种永恒的连接，矛盾的是，这种连接把我击垮了，让我精疲力竭……

杰拉尔丁的话指出了许多值得思考的方向：设备是身体和心灵的延伸，就好像她是开放状态，而手机是她的生理终端。该设备的功能也是与皮肤接触的爱的融合客体；一个获得性唤起和性化图像的设备，直接作用于身体从性唤起到释放的变化。这部手机也履行了一个相伴左右的可爱的过渡性客体的功能，永远不会丢下她一个人，还有一种可以感觉到的触碰，尽管这种触碰是不一样的。它也是一个令人上瘾的客体，它抚慰她，唤醒她，陪伴她去浴室，产生图像，同时激起情欲的身体感觉和心理幻想。

在杰拉尔丁的话语中，这个装置并未被真正分离个体化。当她失去它时，她会感到恐慌。在这种情况下，将内在与外部分开的界限消失了。杰拉尔丁并没有与她的母亲成功完成分离个体化,她的自我仍然是渗透性的。有时她反思对设备的使用,仿佛手机就是她自己,而当她考虑彼者——在这个案例中是她的伴侣,仿佛他的手机也完全代表他。因此,两人在互相交谈,在两台设备之间交谈的那一刻,互相看,互相观察,互相发送信息,互相注视。

他们似乎向这个技术设备绝对"开放",误以为它是他们自己的身体,就像是另一个肢体。这个客体与它的女主人,以及其他类似客体的持有者,互相控制。问题是,在这两种情况下,该客体就像是身体的延伸和相关人员的心理感受。

我认为,说体验不涉及身体,是指在同一空间内没有两个直接相关的身体,没有任何事情发生在身体层面,就像杰拉尔丁所说的,或者可以从电影《她》中推断出来的,并不是我们在网络空间中没有躯体,而是我们的躯体体验发生了变化:它是新的戏剧、新的身体表象的空间。

格伦·O.加伯德(Glen O. Gabbard)在一篇文章中对这个问题作了优美的描述。他在文章中叙述了一个远程心理治疗的案例,以及一位女病人的色情性移情(erotic transference）的出现与治疗。他总结道："现在的边界是计算机，因此它已经成为一个内在之物。计算机导致了对可能发生的事情的旷日持久的梦想，而每个人都在寻求的边界，现在存在于想象之中。"（Gabbard，2014，p.179）

在他描述的案例中，病人对他产生了色情性移情，而如果分析是当面进行的，这种材料可能无法得到发展（正如他指出的）。或许因此他才会说，如今限制在他处。这意味着压抑也在他处。在这个地方，计算机已成为一个人格化元素，一种身体的延伸，一种身体自我和精神自我。

Roxxxy

Roxxxy是全球首个性爱娃娃——一个具有人工智能的精密机器人。经过大量研发后，它使用了最接近生命感的材质。据其发明者说，她已被赋予生动性和人格。[1]

她是双性恋，可以背诵莎士比亚的戏文，可以对话、

---

(1) The race to build the world's first sex robot. *The Guardian*, 27 April 2017; The first sex robot with artificial intelligence. A project of McMullen. *YouTube*, 19 March 2017.

交谈和回应："她想成为完美的伴侣。"一些媒体评论说，这样的设备将成为性的未来。这是彼者的绝对消失。她是完美的女人。聪明而火辣，她是日本的新潮流。她看起来超级性感。Roxxxy是一个先进的性玩具。她记得主人在生活中发生的事情。

《她》

我不得不停下来，关注一下《她》。这是斯派克·琼斯（Spike Jonze）的一部电影，在发行期间广受欢迎——DVD盒背面的简介上写着"我们这个时代的爱情故事"。它确实让人体味我们生活的这个新时代。

当影片的主人公西奥多（Theodore）获得了萨曼莎（Samantha）——被赋予女演员斯嘉丽·约翰逊（Scarlett Johansson）性感声线的操作系统时，我们不要忘了，他正经历着一次创伤性分离导致的哀伤过程。他遇到了萨曼莎操作系统，并爱上了她。萨曼莎很有趣，也很感性。她提供建议和理解，以及共情和爱。她像一个准情人一样具有诱惑性。她像一个朋友、牧师、精神分析家一样理解和倾听。

但是，装置及其应用与任何投资对象一样，消失的时候会引起恐慌和损失。一些用户真的会惊恐发作，因为设备的缺失将他们带入一种无防御状态，一种原初的无能状态：全能的另一面。当西奥多失去了他认为独一无二的爱的客体时，当他意识到萨曼莎并不是作为一个人存在，而只是作为一个系统存在——一个对其他成千上万的人做着同样事情的系统时，他陷入窒息和痛苦的状态。

我认为这部电影完美地让我们将装置当作客体的替代品。但这同时也开启了一个悖论，或者说下面的推理路径：尽管机器有助于或能够有助于连接情感，但它也可以切断人与其他人的联系。

作为爱的客体的装置引起了无人之爱的问题，这在当今非常普遍。西奥多接触不到一个有血有肉的真正的身体，而只能接触到一个声音。未来的 Roxxxy 没有有血肉的皮肤，只有柔软的硅胶。这些装置的支持者们表现得像真正的恋人——一方面是为操作系统的声音，另一方面是为高度精细的硅胶质感。

莱马提议将坚硬的屏幕视为一种阳具客体，与肉体的温柔的脆弱性相对立（Lemma，2016，p.15）。如果我们认为人类总是脆弱的，而电脑除投射在它们身上的情感外没有其他情感，那么后者将代表一个强大的立场，与人性天然的弱点（体现在肉体上）相对。我们在网络空间中也是有形的。电影《她》展示了主人公激昂的情感和性活动。让我们不要谈论人们对一个商业化的、高度复杂的机器人娃娃——作为替代品的装置的陪伴体验是否已做好准备，因为亲密感和情感已被体验为威胁。

似乎有一种日益增长的趋势，即逃离与另一个人的亲密关系，以自我保护，不受该人伤害。这个人一方面被体验为入侵者，是一个有害的、危险的人，但也是一种带有乱伦色彩的爱情中的彼者，因此同时也令人感到恶心。在最后一种情况下，主体渴望远离他们的人性，锚定在另一个人的性欲他性（sexual otherness）上，诞生在尿液和粪便中。

弗洛伊德在《文明及其缺憾》中指出，生活对人类来说是非常痛苦的，它带来了太多的痛苦。在这篇文章中，弗洛伊德提到了伏尔泰笔下的人物坎迪德（Candide），他建议人们种植自己的花园（Freud，1921）。今天，伏尔泰会告诉我们什么呢？"爱不是因为它所有的汁液、汗水、唾液，以及它的热度、抚摸、羞耻而令人厌恶吗……但多愁善感是所有一切里，最令人厌恶的。"（Denis，2012，p.180）[1]

有些人选择了一个能满足欲望的智能机器人玩偶，这当然是病态的。但对一些人来说，这无疑是对生活中一些不能忍受之物的防御，即对那些早期不幸经历造成的伤口的防御，正如萨特所说，"他人即地狱"。

娃娃或智能手机显然是指"影响我们身体并改变其化学成分的替代性满足"（Freud，1929，p.20，线上版本）。弗洛伊德指出，人需要快乐，渴望强烈的快乐体验，这总是意味着暴露于可能的外部破坏和一段可能造成痛苦的关系，以及与同伴分手。西奥多刚刚经历了一次分离。他转向机器，转向他的感性。甚至连我们也不知道的满足轨迹可能在他体内觉醒并产生快乐。

许多情况里都存在人类固有的悖论。我们第一次的无助体验，为我们的整个人生打下烙印。而我们需要否认它，忘记它。最近，我从一些同事那里听到的一个事

---

(1)　引自保罗·丹尼斯（Paul Denis）引用 Cahiers Paul Valery. *Mais le sentiment est le plus dégoutant de tout*. Paris: Ed. la Pléiade Gallimard, p.403。

实吸引了我的注意，即我们的病人开始害怕依赖他们的治疗师。这个事实每次都表现得更加明确，仿佛这种依赖就如同依赖医生或外部帮助，如今每次都变得更加难以忍受，因为独立在当下如此受重视。对无助的记忆，或无助体验的重新激活，都令人无法忍受。

让需求在生命的开始阶段得到满足，会产生对满足者的爱。在那个毫无防御能力的阶段，能够满足需求的人是被渴望的，因此，这些软弱的回声可以随时在生命中被激活。爱在满足的体验上得到增强。爱还会团结人。爱的丧失会产生恐慌。今天，这些冲突通过尽可能远离情感领域而得到解决，而且没有比把我们的情感转移到机器上更激进的方式了。

性及其快乐激起人对彼者的依赖，使人害怕失去这种爱，害怕得不到爱。通过倾听病人，我发现，寻找无风险的关系更为常见，即不带妥协的关系。这方面的一个极端例子是以 Tinder 为化身的色情社会：流动的、流浪的性，承诺一个又一个机会。另一个例子是这样一个事实，即关系只限于网上会面，或只限于独特的性接触。这是一个可以迅速接触，也能让对方立即消失的社会，只需简单的点击，就能摆脱对方。仅凭这一点，还有什么能比线上关系更好呢?

因此,我们正面临一种新的、矛盾的相处方式:在数以百万计的可能的彼者中,感到非常孤独。在网络中保持连接状态。这就是约会网站(Match.com、OKCupid、Luxy、Ashley Madison、eDarling……)不可计量的个人资料所提供的貌似陪伴的东西。一个人可以在任意网站上留下消息,并被立即处理。不过,如果使用适度且目的合理,我们也可以在某种程度上认为这是一种现代的社交方式:相当于以前的公共场所、酒吧、迪斯科舞厅等。

我的几个病人都是通过这种方式找到了他们的伴侣。他们很幸运。但仔细看看,那些自称"严肃"的约会网站往往仍仅以一张照片和一段简短的文字描述账户所有者,并说明他或她正在寻找什么。同样,它强调的是被看见和看见。但是,在分析了文本——个人资料——之后,突出的事实是,大多数人在寻找一个与自己合得来的人:不是在差异互补的意义上,而是与自己有相同特征的人。

在第一个不可忽视的层面上,仅凭知道这些网站上还有其他人,就能产生抗抑郁和令人兴奋的功效:他们观察我，他们给我发信息。经常有人告诉我，约会网站上的活动如何帮他熬过那些哀伤和抑郁的时刻。看到别人的照片，以及更多照片，可以让一个人发展出无所不能的幻想——整个世界都要听从自己的安排，他可以接受它，也可以抛弃它。这是一种新的防御性孤独——《一同孤独》（Alone Together），正如特克尔（Turkle，2011）为她的书所起的标题——这种孤独可以让她在痛苦时刻保存自己，一方面免于对亲密关系的恐惧和害怕，另一方面免于对情感联结和爱上彼者的恐惧。这种孤独可以让我们有机会摆脱无助感，并让我们对无助进行幻想，创造替代性的身份，就像在《第二人生》中的化身。在游戏里，人们可以渴望拥有同伴，并与同伴一起玩耍。游戏开发了替代性生活，它们仿佛是弗洛伊德创作的神经症家庭小说（family novel）（Freud，1909）的一个新的现代变体。

机器能保护人。它的功能始终是双重的：它向可能的彼者开放，同时又躲避这些彼者。它正在连接。它回应了过去可能未被充分研究的人类需求。它回应了弗洛伊德指出的一个方面。弗洛伊德说，我们不能获得一切，并非每一种感觉都能变成词汇表征。

8

自我繁殖：被看见或死亡

在我年轻的时候，出名与家丑外扬之间，是有明显区别的。大多数人都想成为最好的足球运动员或伟大的芭蕾舞演员，没有人喜欢因为被骗或做了蠢事而弄得满城风雨。在未来，这两者之间不再会有任何区别，只要有人看了我们一眼，我们就会愿意做任何事情。

——翁贝托·埃科（Umberto Eco），

《帕佩撒旦阿莱佩：流动社会纪事》

（*Chronicles of a Liquid Society*），2017

P. 瓦莱里(P. Valéry)曾说:"在过去的 20 年里,事情、空间和时间都变得不再是自古以来的样子。"(Valéry,1928）在一个世纪后的今天，看到以互联网时代变革为标志的这些年，他又会说些什么呢？一切都变了——无论是人际关系，还是沟通、时间、空间、亲密关系、自我塑造。从深度范式转向表面范式，从历史化转向一种几乎完全基于当下的暂时性。[1] 仰仗于所有类型的屏幕:电视机、电脑、智能手机和平板电脑，我们已经从私密性走向公开展示亲密感（IPA Congress，Buenos Aires，2017；Moreno，2016）。无论如何，不惜一切代价都要被看见的渴望正在急剧增加，通过病毒式曝光出名已变得无比重要，关注人数和点赞量则是风向标。

我们现在面临的威胁不再是潜意识及其深度，而是在纯粹的公开展示或图像的演替中，一个意外事件的侵入就可能对我们造成创伤。

从前，儿童的心灵可以用婴儿期性欲理论来阐释，并以此解释人性的启蒙，人们可以幻想关于人性和童年的假设，并对过去充满求知欲和好奇心。我希望儿童仍然

---

[1] 见"9 此时此地之境"。

如此。这里引用帕斯卡尔·基尼亚尔（Pascal Quignard）的文字，他用优美的散文表达了我们作为精神分析家必须思考的戏剧性冲突：

> 我们来自一个我们自己缺席的场景。人总在想念着一幅图像。不管他是闭上眼睛，在夜里做梦；还是睁开眼睛，仔细观察真实之物，沐浴在阳光下；还是目光游移，迷失自我；还是把目光投向手中的书；还是坐在黑暗中观看一部电影；还是沉浸在对一幅油画的沉思中：人是一道渴求的凝视，在所见的一切的背后，寻找另一个映像（reflection）。（Quignard，1994）

今天，什么成了人们渴求的图像？图像没有气味，没有厚度，没有密度；它们在网络资料上保持静止，在真人秀里则活灵活现；图片的数量呈压倒性，平庸乏味或品位不佳，有时甚至粗俗至极。图像主宰了我们的世界。它是一个面具，是虚拟现实里的一个元素。它是一个隐喻和转喻，因为它是一个符号，一个在受限整体中的元素，而这个整体是人看不见的。

自千禧年开始，世界就进入后千禧Z世代的时代。对他们而言，图像比文字更有价值。最好在人与人之间安装一个摄像头，或者藏在屏幕之后保持安全。这一代人不仅为能够超越自己而感到自豪，还为自我生殖、自我繁衍，并通过切断与过去的根源的联系来实现这一目标而感到自豪。不断增强的个人主义已成为他们的目标。这就是克里斯托弗·拉什（Christopher Lasch）所宣称和描述的"自恋社会"（the society of narcissism）（Lasch，1979）。

人必须超越自我

无论是在现实生活中还是在网上，今天的人必须超越自己，努力工作，都要以秉承这一社会理想的时代为荣。他们必须无休止地工作。

我在"互联网时代的爱情：心灵与社会的对话"一章中提到过的病人莱昂诺尔是生活中理想女性的原型：在网上，就像在现实生活中一样，只要有可能，就想着为自己创造一个舞台，无论如何都要脱颖而出，要么裸体出现，要么以其他方式出现。品质并不重要，重要的是创造一种影响，不惜一切代价让人看见。

这解释了为什么当人无法得到一切时就会出现重度抑郁，就像莱昂诺尔。第二次世界大战以来，重度抑郁的发病率始终在提升，因为自从人被告知他是自己的创造者后，他就失去了平静与安宁；他是自身成功和失败的创造者，这催生人仿佛要对其经历的一切不幸负全责的感觉。新的痛苦出现了，这与道德受虐相关。

> 社会的不满……在于一种双重观念，即社会纽带正在减弱，而个人相应变得负担过重，要承受他/她以前不需要承受的责任与挑战。（Ehrenberg，2010）

我们现在处于一个以个人主义为标志的社会（Lipovetsky，1983），这一事实要求我们重新思考和处理症状与文化之间的关系。

社会理念为个体性喝彩，要求一个人脱颖而出，创造自我。期望未得到满足时，就会激起更多的丧失感、不称职感和分离焦虑。

> 自主性已偏离了正道：它是不受限制的个体的主旋律，是新的心灵经济的主旨……，而自主性作为一项任务仍然要实施：伴侣承认—社交痛苦（couple recognition-social suffering）是新要义。参考作者是阿克塞尔·霍耐特（Axel Honneth）[1]。（Ehrenberg, 2000）

事实上，正如我已经谈到的，一个人可以展示任何东西，而首选的主题是个人创伤。正如我们将看到的，这与之前发展起来的享乐任务的想法并不矛盾。这两件事是共存的。展现痛苦是为了被人看见和脱颖而出，这与心灵结构中所必需的可忍受的痛苦无关，或者说，受虐是为了守护生命。我将在下一章讨论这个问题。

自第二次世界大战以来，自主性已经成为一种价值观，个人主义观念自身也发生了转变，助长了界限病态的增加，其特点是多孔自我（porous ego）。以自恋为标志的理想自我占主导地位，与以规范和压抑为标志的超我相对。

---

[1] 　阿克塞尔·霍耐特，德国社会理论家。——译者注

从 20 世纪 70 年代开始，这种现象在心理学领域和社会学领域均得到高度关注。在社会学领域，先锋人物理查德·桑内特（Richard Sennett）在《公众人物的堕落》（*The Fall of Public Man*）（1977）中采用了这一概念，随后拉什在《自恋文化》（*The Culture of Narcissism*）（1979）中也采用了这一概念。因界限病态不断增加（Green，Kohut），心理学界越发重视这一现象，同时也更重视道德受虐主义的新形式。对此，我在这里暂不讨论。

因此，必须帮助个人进行自救和自我控制。人们需要得到帮助才能成为自身变化的创造者，而这种帮助需要来自各个领域。仰赖于互联网和新技术带来的工具，自助工具、自助手册和替代性疗法，以及一种生产自我和主体化自我的新方式，都在蓬勃发展，它们往往可以被等同为自救。

心理愿景和社交理念与经济因素相遇。让我们不要忘记，揭露其他时代所隐藏的东西的大众现象，起源于真人秀和名为 "Web 2.0" 的现象，而与此同时，鼓励创造的网络公司走向了衰败。

时下流行的自我生成的方式之一是公开展示亲密感，以关注者的数量衡量其成功程度，而其背后有百万级别的生意助力，这些生意也在推广和利用这种现象。

亲密感概念及其对心灵生成的必要性

亲密感并不是精神分析专属的概念，它涵盖了不同的意义。"亲密"与"秘密""隐藏""熟悉"有关，与"公开"相对。它可以有性的内涵，带有恋人间的情欲色彩，或指深刻的友谊。它与有性欲的身体有关，也与自亚当和夏娃以来就被隐藏起来的性差异有关。

对精神分析家而言，亲密感指一种真正的疗愈情境，对此，我将不在此处展开。同时，正如拉卡米耶和艾格（Racamier & Eige，1993）或皮拉·奥拉尼耶（Piera Aulagnier，2003）等表达的，亲密感也可以让每个主体了解他们自己的想法，且不疏远彼者。

精神分析解释说，心灵的构成始于母亲与婴儿之间最初的融合期过后，与一个别人的最小分离。心灵必须离开这个无差别的区域并与彼者疏离，以便生成一片亲密地带。获得通往秘密的可能性，使主体能够展开幻想，享受创造的欢乐，享受看到自己能够创建自己的思想、自己的叙述，以及将与他人的关系历史化——正如我们已经看到的，这些对钢琴家埃丽卡来说是不可能的。

保拉·奥拉尼耶（Paula Aulagnier）强调，母亲与婴儿之间产生躯体融合（corporal fusion）后，出现的既不是空虚，也不是完全的无助（弗洛伊德式的无助状态），因为这是婴儿能感受到他们有能力创建并拥有自己的亲密地带的时期。在这个地带，不会被彼者疏远；在快乐体验的起源处，有一张关于自主性的草图。但是，只有当母亲将婴儿的身体及其原初心智构想为未被异化的，独立的，且与她相分离的身体和思想时，这种亲密感的迫切性才可能发生（Aulagnier，1975）。奥拉尼耶曾说："保留秘密思想的权利是自我的胜利。"（Aulagnier，2003）这也是一种满足感的来源，会对自恋和自尊心产生影响。

拉卡米耶（Racamier）坚持认为，人能够在心理上进行自我生成之前，需要先完成"原始的哀伤"，即一种与母亲的最低限度的分离，它被定义为：

> 一种基本的心理过程。通过这个过程，自我（ego）才能从儿童早期起……学会放弃对客体的完全占有，才能为绝对自恋联盟感到悲伤……并且，正是仰仗这种悲伤，才能奠定儿童的起源，让儿童展开对客体及其自身的探索之旅，同时，针对客体的存在发明内在性（interiority）。

也就是说，自我的形成要归功于对原始自恋融合的绝对必要的第一次哀悼。如果这个必要的步骤被阻挠或干扰，如果差异被否认，继续允许"一体两人"的统治（McDougall，1989），那么就像我们在最疯狂的病人身上看到的，一个恰当的客体并不存在。

如今，我们看到很多病人与原初客体的二元关系没有发生正确的断裂，因此成为一个精神主体的可能性崩塌了。在这种情况下，心灵仍处在类似于布莱格（Bleger）所描述的"凝固的细胞核"（agglutinated nucleus）（Bleger，1967）或原始汤的岩浆之中，如前所述。当自我与非自我的分化被卡住，如埃里克·H.埃里克森（Erik H. Erikson）所描述的，基本的自信会产生对亲密感的怀疑（Racamier，1992）。

服务于自我生成的亲密秀或亲密之痛

亲密感成为公共事务这一现象显示了它的剧痛，甚至它的灭绝。公开展示的亲密感遍布我们的新社会，也覆盖了栖居于其中的心灵本质。雅克·拉康（Jacques Lacan）创造的"外密感"（extimacy）一词原指实存状态中最不可触及的部分。这个词被人注意到，后用来指代公开展示的亲密感（exhibited intimacy）。例如，西班牙的新闻报纸《国家报》（*El País*）将其关于社交网络和真人秀节目数量不断增加的一篇文章命名为"你的外密感反对我的亲密感"（*Your extimacy against my intimacy*）。[1]

秘密已从衣橱里走了出来，胸罩和丁字裤从上衣或裤子里探出头，向每一个人抛着媚眼。名人在收音机里和屏幕上散播他们的秘密，以及一丝不挂的身体。真人秀节目比比皆是。《老大哥》（*Big Brother*）节目的参赛者雅德·古迪（Jade Goody）就是典型一例，向人们展

---

(1)　　Tu Extimidad Contra Mi Intimidad, *El País*, 24 March 2009.

示如何在屏幕上恋爱、结婚和死亡。[1]

向神秘感道别。头脑和情感期盼讲述"所有和一切",而另一个观众却相信,他已经看到了"所有和一切"。能够看和被看见仿佛是知识的海市蜃楼,而这种知识可以解释实际正在发生的事情。能够看和被看见是肤浅生活的新见证,是可见事物平坦表面的新见证。向深厚的情感纽带道别。情感纽带就快要松开。它们已经变得更加"流动"(Bauman,2003),难以捉摸,与停留在肤浅表面的欲望协调一致。

为了生成自己,最常见的方法之一,可能也是最容易的方法——因为这并不容易——已经转向将个人的亲密感作为一项公共事务进行公开展示。这种亲密感可以是日常的平庸生活,也可以是标志着一种存在的童年创伤。无论哪种情况,所展示的亲密感都是一种反亲密感。需求和目标都很明确:拥有最多的关注者,让自己感到舒适和美好。自恋式满足永远不会被放弃。

爱情的重要性似乎一天少过一天,而关注者却变得

---

(1) 《老大哥》是一个社会实验类真人秀节目,多名参赛者一同生活在一幢特别设计的房子里,其间他们的一举一动都会被摄像机和麦克风记录。雅德·古迪 2002 年参加该节目后一炮而红,后于 2008 年罹患癌症,次年去世。——译者注

至关重要。就像比利时音乐家司徒迈（Stromae）在他的歌曲《卡门》——我忍不住要提一下，这是乔治·比才（Georges Bizet）的歌剧在 Twitter 时代的版本——唱的那样：如果你关注我，我就特别提防你，如果我关注你，你也最好提防我。因为，如果你关注我，如果我关注你，如果我们互相关注，那是因为你的自恋在膨胀，这根本不是对一个客体的爱。

这首歌里唱的是"提防"（beware），而这个词在比才的歌剧剧本里是"照顾好自己"（prends garden a toi）。专注于自恋性目标的爱情，应是永远不可信的。如果我爱你，那只是为了实现我的目标；如果你爱我，那就是为了实现你的目标。一个充斥着纯粹的谎言和奉承的游戏，只为落入纳喀索斯的陷阱。我们成了埃里克·弗洛姆（Erich Fromm）《爱的艺术》（*The Art of Loving*）中的反面教材。

在司徒迈的视频片段中（YouTube 上很容易找到，我推荐大家去看，因为图像无法翻译成文字），所有角色都在最后以优美的方式摔死了，被蓝色的推特鸟的巨大齿状喙吞噬。他们就像让·德·拉·封丹（Jean de la Fontaine）的寓言《乌鸦与狐狸》（*The Raven and the Fox*）

中乌鸦嘴里的奶酪那样掉了下来。乌鸦惊愕于狐狸的奉承，张大了嘴，珍贵的奶酪掉了下来。[1]

我把司徒迈的歌放在这里，是因为它很好地代表了上述情况。这是一个极具破坏性的文本，它警告并反抗与爱情道别，因为爱情已与纯粹的自恋行为混淆在一起，并在此基础上被商业化。

Love is like the Twitter bird

爱情就像推特鸟

You're blue for him, only for 48 hours

你注册账号，不过刚两天而已

First we meet, then we follow each other

我们首先相遇，然后彼此关注

We fall apart, and we end up solo

接着我们崩溃，最后孤身一人

You'd best beware!

---

[1] 让·德·拉·封丹，法国古典文学的代表作家之一，寓言诗人。《乌鸦与狐狸》为其所著一则寓言，讲述狐狸为骗取乌鸦嘴中叼着的奶酪而刻意奉承它，乌鸦对此信以为真，张嘴炫耀自己的歌声，嘴中的奶酪也随之掉落。该寓言讽刺了那些虚荣心过剩、爱炫耀的人。
——译者注

自我繁殖：被看见或死亡

你最好小心提防！

And to all those who like your posts

对所有为你点赞的人

Plastic smiles are often blows of the hashtag

假笑只是话题标签

You'd best beware!

你最好小心提防！

Oh Twitter friends and followers

哦，推特好友和粉丝

You've got it wrong, you're just popular

你误会了，你不过是符合大众的口味

You'd best beware!

你最好小心提防！

If you love yourself

如果你爱你自己

I'd best beware!

我最好小心提防！

If I love myself

如果我爱我自己

赛博格时代的爱情面孔

We'd best beware, they'd best beware

我们最好小心提防，他们最好小心提防

You'd best beware

你最好小心提防

And then every man for himself

人人为己

And that's how we love, love, love, love

这就是我们的爱，爱，爱，爱

How we consume, -sume, -sume, -sume

这就是我们的消费，消费，消费，消费

Love is the child of consumerism

爱情是消费主义的结晶

Always always always hungry for choice

永远，永远，永远渴望选择

Do you want feelings fallen off the back of a truck?

你想知道从卡车后跌落的滋味吗？

Supply and demand is the one, single law

供与求是唯一法则

You'd best beware!

自我繁殖：被看见或死亡

你最好小心提防！

' But I already know the dangers

"但我已知晓危险

I've kept my receipt and if need be, I'll return it'

留下收据以备退货之需"

You'd best beware!

你最好小心提防！

' And if need be, I would get my revenge

"必要时我将实施报复

I would put this bird of misfortune in a cage

将这只厄运之鸟锁入笼中

And make it sing'

让它唱个不停"

One day you buy, one day you love

某天你下单，某天你恋爱

One day you throw it away, one day you pay

某天你丢弃它，某天你付出代价

One day you will see, we will love each other

某天你会看见，我们彼此相爱

But before that, we will all perish like rats[1]

但是在此之前，我们将如老鼠般毁灭

博客取代了密友账户。年轻人在 Instagram 或类似的应用程序上寻求点赞，只要上传一张照片，点赞量就会成为提高他们自尊或使他们陷入抑郁的晴雨表。自恋，作为一种自身价值，在来自认识和不认识的人的认可或冷漠构成的线上股票市场中涨跌。图像统治一切。人们在 Facebook 或其他任何需要展现自己和可能被看见的应用程序中，创建可以任意改变和修改的个人资料——人在图像市场中营销自己的自我。向老派的羞涩道别。竞争者数不胜数。

如今，在所谓的界限状态或边缘状态下，内在分区是缺乏的。这种情况下，内在世界与外部世界之间，以及不同精神事件之间的边界变淡，压抑功能稀缺，人们可以在网络中找到取悦自己的手段。

开放的网络没有审查制度，没有分区，就像许多当

---

[1] 英文版引自 The ALEXterminator, Genius, 2016。

代建筑没有实墙。透明和完全可见的错觉,[1]在一开始就是对维多利亚社会的道德和社会禁锢规范的抗议形式,而现在,这已使个人失去了保护,没有任何东西可以依靠,只好在光滑的表面上滑行。庇护角,免于争论的避风港,如今已经远离了我们或者根本不存在。缺乏分区是压抑消失的结果(事实上,我们都可以见证,隐藏在屏幕后面的人是如何在打招呼之前,就开始出言不逊或提供性服务)。

难怪嫉妒和自恋比比皆是,而且,在 Facebook 上拥有大量好友与感到孤独之间,存在一定关联(Lemma,2011)。

作为精神分析家,我认为,公开展示过去所称的"亲密感"这一现象,可被理解为一种为自恋化的防御性自我生成服务的出色的搜索行为。尤其是对某些人而言,在其生命早期的关键发展阶段,辅助兴奋功能的失败导致某些事情创伤性地阻止了生命体的自恋形成,未能获得一种充分的用以形成自我的涵容功能,未能让自我与非自我得到充分分离。所有这些,在界限病态的状态中

---

[1]　出自瓦尔特·本雅明(Walter Benjamin)《机械复制时代的艺术作品》(*The Work of Art in the Age of Mechanical Reproduction*)(1935)。

已经提到过。

因此，看和被看见，通过网络或视听手段，被许多人看到——越多越好——将永远不足以弥补一个原初客体的功能，一个镜像母亲，或认同提供者曾经的失败。这就像人类欲望与社会之间的相互加强：受伤的、痛苦的自恋心灵，渴望有一种展示自己的方式可以永远依靠，那就是找到一种方法让自己有机会"成为名人"。出于这个原因，人们急切地想从其历史和起源中解脱出来，渴望在最初的无力感——也正是因为这种无助状态——之后，感到强大。拥有一种永久的、大规模的、令人兴奋的连接机会的可能性是真实的，并由此产生了一个新的想法，即在个人史之外创造一个自己而无需原初客体父母。这两个事实的结合，为创造自身或成为自己生活世界的中心提供了机会和感觉。这是一个妙不可言的解决方案。只要看看 Facebook 上的个人资料就知道了。"你能够改变欧洲，你就是欧洲。改变它，就是现在。"（随机摘自 Facebook 用户的个人资料）也就是说，你是伟大的，强大的，是今天的重要人物，在玩弄自恋的爱抚。你改变了你的世界。你是一切。你可以做到。这条信息将聚光灯对准了你。

多年来，人类就是这样被异化为自我生成，并被自恋地抬高。但现在这变得正大光明，正如我们在上述个人资料中看到的。Z世代面临的问题显而易见，对他们而言，一种类似"被看见或死亡"的新逻辑在支配着他们。拥有与上帝——宇宙的创造者相同的特征，这一承诺的威力何等巨大！

在正常的儿童发展过程中，多态性倒错在一个特定阶段里会表现为喜欢注视和被看见，是一种初级功能模式，已得到理论化（弗洛伊德，1905）。如今，这种初级功能模式却被许多成年人和青少年拼命使用，仿佛这种存在方式是一种毒品，需要不停地使用，以弥补发生在与原初客体的原始关系中的错误。

网络、电视、电影或畅销书，全都可以成为缓解早期自恋创伤的自救方法。这些尝试总会失败，因为它们既不能带回与原初客体幻想的融合，也不能带回所需要的全能感。它们也不能深入地修复所经历过的创伤。这就解释了搜索注定会重复的原因。

存在一种把一切都看作建构自我的资源的渴求，一种公开展示这一切的渴望，因为至少在这一过程中，人会获得存在的感觉和掌控权力的喜悦。

亲密感一旦登上舞台就会死亡。当它把自己放在聚光灯下，那是一个濒死的亲密感在言说一个未充分分化的自我。这个自我需要一个别人的凝视，以便拥有使自己主体化、自恋化的可能，以此获得存在感和 / 或价值。濒死的亲密感在言说它的错误，并供出了它的病态。

电脑、电视或文字屏幕提供了母亲的凝视功能。这一功能将提供认同和主体化，即使它们实际上没有主体化任何东西，因为它们只是暂时的替代品。对自我而言，它们就像毒品，会让自我继续痛苦下去。

这种公开展示中，存在一种必然的快乐：说出不应该说的真相，做政治不正确的事，展示、暴露、描述人们通常必须保持沉默的东西（Foucault，1976）。这是一种逃避压抑的自恋性快乐，是被禁止之事物和可能出现的倒错的病态，或用自恋缺失的病态修复受伤自我的尝试，它们都是日常心理病态的一部分，并不具有特殊的破坏性或严重性。

另一方面，即便图像画面粗劣，品质堪忧，但图片数量继续急剧膨胀，拍摄工具层出不穷。我把这种现象解释为另一种手段，试图实现最初的心理轨迹所起到的联结功能（bonding function）以寻找一个表征。它用图像说话，不需要文字表征，尽管如此，传递出的信息却含义丰富。或许，无穷尽的图像在努力讲述关于那些起源的图景，这种起源永远无法以一种特定的方式被讲述。无休止的图像展示，试图描述一些从未找到词汇描述、找到出口宣泄或被承认的感觉。就像我发现自己竟然无法用语言来描述司徒迈的视频剪辑。

粗暴的图像

　　尽管很多方法都可用来进行自我繁殖，但常见的方式只有几种。越来越多的免费色情片就是其中之一。它几乎不需要什么资源：一个网络摄像头，以及知道怎么将疯狂影片上传至网络。粗鲁的性，带着色情氛围的渲染，以及在免费色情片中不可遏制的表征，都在试图取代心理性欲的位置。但事实上，它恰恰是心理性欲的对立面。

　　我们生活在一个渴求现实主义的社会。人们喜欢注视别人的生活，以分散对自身生活的注意，并与之保持距离。人们通过代理的方式生活，以弱化自己的情感活动。情感纽带被维持在表面。亲密感，无论是自己的还是来自别人的，都是令人恐惧的，因此人们通过观看展示亲密感的下流节目来远离它。在这些节目中，人们可以看到大喊大叫的场景，或者观赏自己不再有能力体验的情绪：这些情绪是属于别人的。

今天，人们可以不间断地甚至感到有些满足地观看各种图像，从粗暴的性行为到恐怖袭击时有人夺窗逃命：这是人们可以达到的冷漠程度的一个例子。他们用放大镜反复观察细节，带着一种近乎病态的迷恋，仿佛可以通过这些图像来揭示现实，尽管最早的哲学家已经指明，原质是无法被拥抱的。图像拥抱了部分现实，但并不是全部。它们只是现实的一个元素。尽管如此，现实主义——图像和自我叙述的超现实主义（hyper-realism）——是人人可得的，这都要感谢新技术。新技术一方面提供了真相和力量感的幻影，另一方面也在讲述另一种现实。它的讲述超出图像本身，就像任何话语的讲述都会超出其本身的内容，正如精神分析家所了解的。引用迪迪-于贝尔曼（Didi-Huberman）的话："当我看到一幅奥斯威辛的图像时，我显然不在那个集中营里。但我要说的是，图像会触动现实：图像所指向的不仅仅是表象。"[1] 在对现实的粗暴展示中，我们可能会发现一些创伤性事件涉及现实主义中的极端性和极端性中的现实主义。

但极端的粗暴图像会扼杀幻想。粗暴的表征会产生恐怖。硬核色情是粗暴的。它有可能阻止发生在俄狄浦斯王身上的事情再次发生吗？他所爱之人的欲望展现得如此粗暴，以至于为了不再看见，他不得不戳瞎自己的眼睛（Chabert，1989），并用瞎了的躯体承受自恋式的禁锢以惩罚自己，即在惩罚自己的同时，确立与他人本质上的分离。这些极端的形象难道不会导致对爱、接触、幻想的能力的盲目性吗？难道我们不会面临同样危险的新形式吗？

我喜欢这个例子，我觉得它对理解今天的性行为很有帮助。每个人都能接触到的粗暴色情制品与俄狄浦斯王遭受的粗暴对待之间有一些共同之处，即创伤性的图像使幻想的能力崩溃，让人只能关注粗暴的性与肉体之

---

(1)　　出自 Las imágenes son un espacio de lucha, *Público*, 18 December 2010。

间的关系。

显然，当出现信息饱和，极端状态称霸时，一切都变得无关紧要。在大量的图像或自我叙述中，没有什么能真正被看见。现实与现实的海市蜃楼相互混淆。这种公开展示，这种对亲密感、性或情感的过度曝光，恰恰促成了一种看不见的、不透明的心理性欲。心理性欲被谋杀，而另一些东西正在诉说。例如，无论我们如何盯着一张粗暴的原始性活动的图像，这个粗暴的图像能传达的只是部分躯体的触碰被即时上传网络，而永远不会传达关于心理性欲的东西。心理性欲远远超出两具在爱、情感和欲望的断裂中交配的身体图像。色情制品标志着心理性欲的死亡。

鉴于这种亲密感图像和描述的饱和度，精神分析家对这种"要么被看见要么死""为存在而被看见"的新现象有何看法呢？

从无助到成为英雄

经历网络公司失败后，硅谷在 2004 年创造了一个新术语"Web 2.0"，宣布追求变革的时代来临，开始鼓励自我生产（self-production）和创新。它邀请每个人成为英雄，并在这方面取得了成功。我们都是潜在的新英雄：你、我……没有比这更好的时刻来疗愈自恋的伤口了！

事实上，现在是业余爱好者成为英雄的时候了，用保拉·西比利亚（Paula Sibilia）的话说，他们形成了"新的数码民主"（Sibilia，2008）。她提醒我们，"你"（You）在2006年被选为《时代》杂志（*TIME Magazine*）的"年度人物"。[1] 从匿名到舞台中心，只需一个博客，一个网络摄像头，你的私密生活就可以在网上出现。

现在我们都可以拥有成为世界英雄的感觉。

这个问题既不关乎品质或新的审美视角，也不是对平庸的赞美。21世纪和20世纪的一半都在赞美平庸。与他人相似的感觉——而不是作为一个别人——是一种解脱；尽管像一个别人，却在自己的日常平庸中暴露无遗，就像在真人秀节目中。它为普通人提供了安慰，彼者也同样普通；相同的普通，不同的平庸。运气和慰藉。可

---

(1) You. *TIME Magazine, 168*, 26, 25 December 2006.

能还有一种更复杂的解读：这就是真正的名流被贬低的方式——另一种诋毁客体的方式，就像波普艺术（pop art）的所作所为——提醒我们，他们并不是完美的，名流和我们一样是人，更重要的是，任何人都可以跻身名流之列（Jost，2012）。

过去，博物馆里有机玻璃下的垃圾曾经被认为是艺术品，因其独特性而价值非凡。然而，由于技术的发展，这种独特性标准如今已被摒弃。《阁楼故事》（Loft Story）是《老大哥》电视真人秀的法国版本，曾因艺术质量而获奖。自安迪·沃霍尔（Andy Warhol）[1]之后，每一个复制品都具有与原作同等的价值。他的目标就是通过数量消灭原创者。艺术作品被大批量生产：相同的作品扼杀了独特作品的价值和原创性，这一事实也在向祛人格化（depersonalisation）努力。沃霍尔美学运用意识形态的断裂，废除了艺术与传播媒介之间的界限，废除了艺术领域与媒体领域之间的界限。它抹去了由画家的凝视或作者对普通物体的凝视捍卫的界限；它将艺术祛神秘化（demystify），更重要的是，将电视和电影置于同一

---

[1]　安迪·沃霍尔，美国近代艺术家，波普艺术的倡导者与领袖。——译者注

水平。

2001年，《阁楼故事》被授予"年度十佳电视连续剧"大奖。11个单身汉被隔离在一个225平方米的阁楼里：吃饭、睡觉和类似的活动都成为展播内容。这将成为新的个人好莱坞的隐喻，任何人都可以通过电脑窗口变成某个时刻的明星。

全世界的计算机网络已成为一个巨大的实验室，一个用来实验和设计新主体性的有利阵地：在它的蜿蜒曲折的路径中，生长着存活于世的新方式，其中一些看起来是怪异且自大的，但还算健康，另一些则陷入你可以想象到的最令人毛骨悚然的渺小之中（Sibilia，2008）。

Web 2.0空间已成为自我表演中的一项特权。我把它称为"'自我陛下'（His Majesty the Ego）的表演"。如何表演并不重要，无论是通过轻度色情（之前提到的妈咪情色：这种色情制品让年轻母亲认同某种身份来获得一个角色，使她们脱离灰色的日常生活），还是通过一个平庸的故事，或者有时是通过一个有趣的账号，只要有一个人能被看见就行。正如一位病人告诉我的，真正重要的是拥有关注者，这一点至关重要。这是摆脱各种形式的阉割并将自己打造为一个理想人物的奇妙方式。

纳喀索斯赢了，而且受宠若惊。

不管是不是垃圾，目标是为自己创造一个恰当的主体性，一种通过被看见而获得的存在，不论是否亲密，皆不受审查。被看见或被读到的可能性仿佛是对成名、被承认或仅仅是存在的一种许诺。在网络上被看见或被读到就是不死，在这个社会里，不被看见往往就等于不存在。

哲学家易洛思认为，畅销书《五十度灰》（James，2011）其实是一本自助手册，它为人们的自尊和性生活提供了技巧和秘方（Illouz，2014）。

自救是当代主体性的核心，它将自主理念、经济利益和心理技巧汇集在一起，作用于个体自身。这是一个人在任何他人的凝视下独自经营的方式。这是自我繁殖：通过自我生产——网络上的自我繁殖——实现自恋补偿的自救方法。换言之，在网上看到或读到你的其他人，正如拉康（Lacan，1966）所指出的，作为一个纯粹的镜像客体，具有自恋映射功能。另一个人注视我，我借由这个注视而存在。彼者最终向我发出一个喜欢的信号，这给了我价值。彼者让我避免了差异这一令人痛苦的危险，无论是性的差异还是代际差异。更重要的是，彼者就在那里，与我如影随形。

今天的人类与从前一样，用驱力来运作。这些驱力需要最低限度的满足，以使主体与他们的原初客体相分离（Freud，1915）。弗洛伊德对婴儿期多态性欲的描述，以及将最初统一的自我构建为与原初客体的镜像凝视密切相关的最初自恋认同的观点，时至今日，似乎仍未被大众充分了解。正如我已经提到的，以及我们所了解的，由于极早期的创伤，或者由于与他人的初始关系中的错误，我们可以观察到——当前公开展示亲密感的形式证明了这一点——如何去看和被看见，从根本上讲，依然是重要的，而为了给自己编织出一个自我，通过自我繁殖和网络上的凝视获得凝视已变得至关重要。

任何人，你或我，都可以成为"婴儿陛下"（His Majesty the Baby）（Freud，1914），发现自己回到创造王国的中央，就像我们曾经以为的那样。

疾病、死亡、放弃享受、限制自己的意志，这些都与他无关；自然法则和社会法规应当依其好恶废除；他将再次真正成为创造的中心和核心——"婴儿陛下"，就像我们曾经幻想的那样。

老弗洛伊德式的孩子与 21 世纪初平庸统治下的新

英雄非常相似。谁拥有最多的关注者，谁就是英雄，就是 Z 世代的新君主。弗洛伊德1914 年的论述仍然适用：

> 这个理想自我现在成了自爱的目标，而这种自爱曾是真实的自我在童年时享有的。主体的自恋使自爱的表现被换置在这新的理想自我之上，而这个新的理想自我就像婴儿期的自我那样，发现自己拥有每一种完美。这才是价值所在。（Freud，1914）

它使得人在逃离自恋伤口的同时也在自揭伤疤。自我已成为基于网络的场景中，各类屏幕上的主角，被看见，被镜像，被自恋化，并通过被关注而获得被爱的错觉。

继续讨论上文易洛思（Illouz，2014）的论点。如果畅销书《五十度灰》（同名电影基于此书创作）实际上是一个社会规范和社会理想的晴雨表，那么我们可以把它作为一个例子。

女主人公阿纳斯塔西娅（Anastasia）是一名普通女孩，是一个现代版的"灰姑娘"或"漂亮女人"[1]。一位性

---

(1) 此处"漂亮女人"指发行于 1990 年的同名喜剧电影，该片讲述了一名百万富翁与一名年轻妓女间突破阶层的浪漫爱情。——译者注

欲旺盛但内心脆弱且祛感情化的富家子弟——当下的英雄类型——爱上了她。("我徒有一个躯壳。我没有心。")这部小说在《纽约时报》（*New York Times*）上蝉联数周榜首。

这部畅销小说向我们讲述了这段关系是如何像如今许多爱情故事那样，以"先做爱，后交谈"的情景开始。在这部三卷本小说中，亲密感既有所展示又有所淡化，两位主人公之间的关系逐步染上施受虐色彩。尽管有这种虐恋，但他们之间的爱情所产生的连接，似乎可以把这两位主人公从他们的困难、疑虑和自尊问题中拯救出来。

其他例子：从真人秀到 Z 先生

卡戴珊家族是在经济上获得成功的电视真人秀巅峰，是一次伟大的媒体和商业胜利，也是一个自我繁殖的原型。系列真人秀《与卡戴珊家族同行》（*Keeping Up With The Kardashians*）已在美国电视上每天播放超过10 年。

这个电视节目里表演了什么呢？美国电视真人秀权

贵——卡戴珊-詹纳家族的生活。卡戴珊家族当初踏入名流之列,是因为他们做律师的父亲罗伯特·豪尔赫·卡戴珊（Robert Jorge Kardashian）。他出生于洛杉矶,是亚美尼亚人后裔,因在辛普森杀妻案中为知名橄榄球运动员 O. J. 辛普森（O. J. Simpson）辩护并为其赢得无罪判决而成名。罗伯特与克里斯（Kris）结婚,克里斯随后与他分居,并与布鲁斯·詹纳（Bruce Jenner）结婚,后者是一名获得奥运会冠军的十项全能运动员,后来接受了变性手术,改名凯特琳·詹纳（Caitlyn Jenner）。

克里斯在两次婚姻中共有五个女儿和一个儿子,所有女儿的名字都以字母 K 开头。[1]

所有的女儿都很出名,每个人在 Instagram 上都有超过 8500 万的粉丝。然而,金·卡戴珊是其中名气最大的一个,此前她在 Instagram 上晒出自己的裸体照片,并与第三任丈夫、音乐家坎耶·韦斯特（Kanye West）结婚（后离婚）。她拥有自己的企业,是一个极其成功的女商人,并在真人秀节目《与卡戴珊家族同行》中担任

---

[1] 五个女儿的名字分别为金·卡戴珊（Kim Kardashian）、库特尼·卡戴珊（Kourtney Kardashian）、克洛伊·卡戴珊（Khloë Kardashian）、肯德尔·詹纳（Kendall Jenner）和凯莉·詹纳（Kylie Jenner）。

主要角色。自 2007 年以来，她的 Twitter、Facebook 和 Instagram 账户已经拥有 1.65 亿粉丝。

观众们目睹了这个家庭的日常生活，内容包罗万象：公开展示的性行为、丈夫的双性恋、变性、露阴癖和各种心理问题。无奇不有。他们会飞到哥斯达黎加过夜，带尽可能多的人，每次花费超过 1200 万美元。他们每个人的所有日常细节都被陈列出来。他们那瘦削、精雕细琢、比例完美的身材符合时下被标榜的潮流——妆容令人惊叹，造型细致入微，调整不厌其烦，以及无须任何性压抑——一切都令观众感到十分愉悦。

关于公开展示亲密感，这是一个自相矛盾的说法，因为亲密感在公开展示时就不再是私密的。我想具体探讨两个方面：第一，展示亲密感所反映的对自恋的需要和对主体化的需要，指必须在凝视前才能建立的自我（ego）。第二，我相信我们可以理解，在另一方面，所有的图片，所有被展示的语言，文字或图像的使用方式，都成为一种黏合残余，以及挣扎着走向黏合的心理记忆轨迹的工具，正如我将在下一章描述的那样。它可以提供一个机会，让人们觉得自己是个名人，和 / 或把名人看成"普通人"，他们有生活中所有常见的弱点和疾病，以至于传递出"我们都一样"的感觉。从这些事实中产生了令人欣慰的幻想：主人和仆人是一样的；富人也痛苦；我也可以成为一个著名的女王或国王。没有人比别人更优秀。然而，生活还在继续，在其他人的目标面前，自我并不会被注意到。其他人的目标都是要脱颖而出，展示自己，并将自己维持在一个非常肤浅的水平上。

悖　论

　　一个人在私密的日常生活中的大量图像或琐碎故事所产生的不透明性也催生了一系列有差异的感觉和形式，展示了今天普遍的不满情绪。进一步分析，自恋性认同的建构过程——通过公开展示构建主体的主体化——创造了伤痛。许多人想要或努力成为克里斯蒂安·格雷（Christian Grey）[1]、阿纳斯塔西娅或卡戴珊。虚荣的知名人物受到羡慕，因为他们有钱，是"名人"——就像诺贝尔奖获得者，但还得忍受一些痛苦和心理问题。很明

----

[1]　《五十度灰》的男主人公。——译者注

显，正如人们常说的，金钱并不能买到幸福。这个故事很完美。例如，可怜的金·卡戴珊（Kim Kardashian）是个偷窃狂，这也让她更有人味儿。这些人物重新成为英雄，尽管在这种情况下，更像是一个反英雄，不过，展示一种病态特征，一个创伤，或私密的苦难就能让人脱颖而出。通过展示自己的苦难而发光，还要树立一个真正要完成的目标，一个梦想：每个人的理想。别管品质如何——重要的是脱颖而出，被人看见。这是在将创伤作为一种动人的、令人钦佩的元素进行公开展示，尽管枯燥平庸，却具有诱惑力。到最后，我们都是一样的。

展示自己和被人看见，并且对此充满渴望：这样的窥阴癖和露阴癖比弗洛伊德（Freud，1905a）所描述的正常的婴儿期性欲中多态性倒错的纯粹形式更进一步。如今，我们在许多成年人身上发现了这种情况。它反映的是在自恋建构中发生的早期伤痛和早期问题；也就是说，它提供了其他的意义，可以发现一种隐藏的、深刻的亲密感，这几乎令人感动。这些意义在以现代的方式讲述人类的状况。

由公开展示和新英雄转化而来的名人和权力揭示了其"阳萎"的本质。随时在线的可能性类似于抗悲伤的药片，以治疗分离个体化中出现的错误。

看和被看见的可能性创造了一个身份，当这个身份与另一个人的身份非常相似时，它是令人放心的。每个人都是相同或相似的，都是英雄，这种可能性满足了青春期的理想，即作为一个整体存在，所有人都一个样：在差异引发的焦虑面前，这一事实让人感到安心和有力量，特别是在一个社会中，一个人必须做什么和成为什么并不像从前那样被严格标记。

在某种程度上，幻想能力不足，或者遭到完全扼杀：《五十度灰》中有大量重复的内容。不管有没有《老大哥》真人秀或《五十度灰》，公开展示亲密感终结了亲密感，但并没有结束对其他东西的揭示：另一个真相，关于情感、今天的英雄、今天的性行为、今天和昨天都不能说的东西——因此，它也侵占了一个完全不同的空间。

让我们以一个著名的例子为隐喻，即朵拉（Dora）在弗洛伊德的沙发上谈话时，用手指玩弄她的钱包（Freud，1905a）。一个看似微不足道的场景，承载着一个她在移动手指时并不知道的意义，但对精神分析的创造者来说，这个动作与潜意识的婴儿期性欲的上演有关。亲密感转变为一场公开的表演，我们也可以对这种情况作出同样的解释。精神分析家可以看出表演中的含义，演员则茫然无知。

Z 先生

我再举一个例子：我已经简单描述过 Z 先生。Z 先生通过一个屏幕工作，与各大洲相连。他在极简主义的环境中实现了无纸化办公。他不需要财物，因为正如他所明确陈述的，他不想依赖任何东西或任何人，甚至是一张纸。他躲避人类。他仍然不承认或不接受我的解释，即他正在逃离一个抑郁的或机械的母亲，一个被描述为"做事女王"（queen of doing）的女人，在他生命的最初时刻，他在这个女人这里遭受了巨大的情感撤回的痛苦。

他逃避所有情感的标记，甚至在撰写物品描述，或用文字描述图像时也不例外。他被强烈的疑病焦虑症控制，这种焦虑不允许他好好生活，于是他编织了一个表皮自我（skin ego），取代了从他身体的一个部分循环到另一个部分的对死亡的恐惧。他在晚上写作。他的无助是残酷的，就像他的无所不能；不管在世界的哪个地方，他自给自足，自我生成，自我发明。地点和方式由他决定。只有他的症状才能超越他，这些症状会从他的一个器官移动到另一个器官，绘制出一幅他的身体地图。他会写一些东西，但他这样做是为了给自己强加一个时间框架：例如，吃一次点心需要的时间，或者一首歌的时间长度，而不会更多。他会写一些文学片段，因为所有逃离瞬间的东西都会让他想到暂时性，而暂时性又会反过来让他想到死亡，这让他无法忍受。

Z 先生把他的作品上传到网上，因为他说，他最喜欢的就是被人看见，即被注视。这种感觉太棒了，是一种真正的理想状态，一种与他的症状相呼应的存在方式。我们是否可以把它理解为一种对渴望的表达，渴望与早期的前语言期的感官轨迹相连接，而这些轨迹从未得到表征？同样的情况不是也发生在《五十度灰》中的克里斯蒂安·格雷身上吗？他有婴儿期创伤，不能忍受别人提到他的家人。

被人看见、品读，展示自己——所有这些都可以是联结最初的躯体轨迹的方式，它们同时也是前生殖器期性欲的特殊表达。这种前生殖器期性欲在某些情况下，会以自恋式要求的方式在成年期保留下来。Z 先生的心灵与他喜爱的流行的社会价值之间保持着持续的对话，其中，被人看见作为一种社交理念脱颖而出。Z 先生的社交理念与他个人的自给自足和自我繁殖的自恋式理想相重叠，以便让他在一次又一次咨询中陈述对死亡的恐惧时，感到非常强大。换言之，Z 先生之所以诉诸自我繁殖和寻求赞美，是因为他那受过极大伤害的自恋在寻求补偿，他要通过使用自己掌握的新技术来实现这一点。

今天有许多著作，如拉卡米耶、奥拉尼耶、鲁西永（Roussillon）、格林等都试图对心灵的起源进行理论化；也就是说，这个前俄狄浦斯的世界，这个前语言期的、古老的、能量的量子在寻找表征，是在心灵形成的源头处的一个真正的熔炉。一个被遗忘的世界，关于一个每个人都在场，却不可能留下任何关于它的记忆的场景；关于自己出生时的场景；关于一个与最初的女性客体亲近的、肢体接触的场景，成为后续每一次客体选择的背景。事实上，日后的每一段关系都只不过是这段关系的"重逢"。对这个场景的情感，其印迹将不可避免地留在最深最无法触及的潜意识中。潜意识没有意志，但会保留这些轨迹，并同接近于身体层面的早期体验的其他感官体验一起，将它们保存在一个巨大的水库中，使部分经验无法浮现和言说。这个场景里的每一个人都在场，但都无法用语言或概念来谈论它。

换言之，自我能够自相矛盾地发明其内在性，建立其起源，摒弃客体，即使被总会丢失的原初客体永久标记为自身的一部分，还是会终生搜寻它。缺失的图像是关于起源的图像。缺失的图像不存在，也不会存在。每个人都怀有对失乐园的幻想，那里有着与一个别人的结合和对这个缺失图像的搜寻，还有那个在语言尚未存在时令我们自恋完满的彼者。我们寻找任何能使我们免于孤独的东西，来替代在我们发出第一声啼哭、脐带被切断之后就永远失去了的原初客体。

如今，软件被用来展示自己和相互联结。其他人被间接地寻找，以防发生真空感的紧急情况。软件技术人员发明越来越多的反孤独工具，同时用他们的发明塑造人们的心灵。在社交供给与心灵之间存在着一个永久的来回。除此之外，我们不应忘记，当下公共媒体相对于私人媒体（博客、Facebook、Instagram、Twitter、Snapchat……）的重要性。这与安托万·德·圣-埃克苏佩里（Antoine de Saint-Exupéry）的《小王子》（The Little Prince）中那些美妙的话语完全相反，其中写道："只有用心才能看得正确，而本质的东西是眼睛看不到的。"

创造一个完整的自己，把精心制作一个图像作为一个开始、一次出生和一种认同原则，或者创造一个人什么也不缺的幻景，当以上这些被看作比任何事情都重要时，将自己从自己的亲属关系里切割出来的欲望就诞生了。当今社会"做自己的创造者和英雄"的要求与鼓励，因结构性缺陷也加入了这种内在要求。新的革命性的技术手段与内在需要以这样一种方式互相交织，即一个人防御性地将自己打造成一个新生的图像，没有亲属关系，仿佛这个人是上帝本尊，是自己的创造者。

这就是当下看起来正在发生的事，与我的咨询室中对亲密感进行工作的情况相反。在咨询室里，我们寻找每个图像、每块屏幕、电视真人秀、某些电影、绘画、音乐以及被分析的话语等背后的东西，我们恰恰是在寻找那些无法言说的，仍未谈及却正抗争着要说出来的东西。在咨询室里，两个人一起编织一块织布，这与一个人的自我发明的过程截然不同。

展示亲密感是一次极好的悖论式表达，它如此强调在场，却揭示了一种结构性的心灵匮乏；它讲述了爱情和情感的不安全感，讲述了无法或不能以任何其他方式说出的人类痛苦。展示亲密感是一种双重矛盾，它揭示了另一种亲密：逃离匮乏（或许是多重匮乏）的伤痛、婴儿期心理性欲、创伤的世界，以及潜意识。它以一种新的形式——图像——说出了一些感觉。在越来越多的垃圾堆中，它有时也会表达一种新的美，即使不是美，也是关于创造力的东西，即便常常超出惯有的标准。我们必须学会阅读和倾听。我们必须学习去看一个图像，并理解它为什么会产生类似内出血一样的东西，以及它的影响是什么。我们必须尝试、观察和倾听一切。正如诗人所说："成员、砖头、排泄物、牙齿、幼年和老年、花瓣、沙砾、眼睛和性别都参与了这种美，但并没有说话。"[1] 我们必须为这种新的杂乱念头、惊讶，或其他可能出现的东西留出空间、语言和思想。

[1]　帕斯卡尔·基尼亚尔（Pascal Quignard）接受克里斯蒂安·沃肯（Cristian Warnken）的电视节目《新美丽》（*Una Belleza Nueva*）采访时所说（2007 年 6 月）。

9

此时此地之境

时间似乎变成另一种消费品，一种受到限制的物质，以至于绝不能失去一盎司，必须用完，或在拒绝中浪费。

兴奋与色情相对，当下与暂时相对。与时间作对是"反心理的，因为它的内涵是对抗思想和感觉"。

——埃洛伊莎·卡斯特利亚诺（Eloísa Castellano），

《当下时刻与暂时性》

（*Present Time and Temporality*），2002

速度把生活变形成视频剪辑。

——利亚娜·阿尔贝纳斯·德·梅洛斯·巴斯托斯

（Liana Albernaz de Melos Bastos），

《当代女性的身体过剩，或，不是每个巴西女人都只是一个屁股》（*The Contemporary Excess in the Woman's Body, or, Not Every Brazilian Woman Is a Butt*），2013

网络巨头们为了获得对我们的时间的最大程度的控制权而相互争斗。为了获得巨大的经济利益，他们制造依赖，就好像他们想要拥有每一个人的当下时刻。

人类出生，长大，最后死亡。时间不停地流逝。人类是暂时的存在。谈论时间是自相矛盾的，尤其是谈论当下时刻（present time），因为它一被命名就变成过去。对于一个遵照心理暂时性的精神分析家来说，思考时间是相当奇特的。思考当下时刻，就是查看在过去—现在—未来的惯常顺序中发生了什么，以及我们想如何拒绝它，以便忘记我们的凡胎本性。

过去的时刻，作为一个"之前"（avant-coup），会在一种永久往复的运动中呈现出新的价值。这种从时间角度对心灵的有趣辩证，早在弗洛伊德早期描述的"歇斯底里症"病例中就有所呈现。例子很简单：一个前青春期的女孩觉得她让一个老人变得兴奋了。她从未考虑过这个问题，因为她对性的认识还太不成熟。这就是一次"之前"。几年后，同一个女孩注意到一个成年男人的兴奋，并理解她在这个男人的拥抱中感受到的性元素：这就是"之后"（原文中是法语 après-coup）时刻，它对"之前"场景进行了带有性意味的再能指（re-signify），才使"之前"的场景有了意义。精神分析非常重视心理上的情绪暂时性这种特殊形式，因为"之后"是把第一个事件从平庸转变为创伤的原因。有了这个例子我们就可以理解，在精神分析中，当下时刻的性质取决于它与过去的关系。

暂时性唤醒了关于起源的问题。创伤召唤出心灵的暂时性的悬置并固定了创伤时刻，当创伤不能得到倾诉，它便被迫进入一种强迫性重复。

但人也必须让自己部分地脱离过去，才能创造新鲜感，才能前进。心理弹性肯定与心理健康有关，包括终生拥有分离的能力和倾诉悲伤的能力。一个人必须并且能够在"想象运行"中面向未来。为了创造未来，与过去的交流或沟通必须以不断更新的方式进行。而我们如今常常见到的，正是这种沟通的失败。不管是向前还是向后的过程，两个方向上的接合都经常遭遇阻碍。尽头那端是死亡之界，而源头那端的界限是原初场景，即父母的性行为，还有人作为一种无助的存在的个人起源。

"完全充盈地活在当下，意味着把'之后'和'之前'一起运用，用这种方法让起源和毁灭都能与一个人当下生活中的意义产生共鸣。"（Parsons，2014）那些存在性限制框定了生活，并产生了如此多的焦虑，以至于它们很少被接纳。尽管人类总是受制于生理、性和心理上的衰老，以及由此带来的焦虑，《道林·格雷的画像》（*The Picture of Dorian Gray*）[1]这本书是一个很好的典型，享乐指令却总是使人想要忽略不可避免的事情：时间的流逝，以及作为普遍伤痛的死亡。时间的故事会随着时间而变化，并如期而至。如今，我们前所未有地倾向于认为：

> 活在当下，只活在当下，不管过去或未来；根据拉什的说法，"历史连续性意义丧失"，"植根于过去并延伸到未来的世世代代"的归属感受到的侵

---

[1] 奥斯卡·王尔德（Oscar Wilde）的长篇小说，该书讲述伦敦的俊美贵族少年道雷·格林出卖灵魂，换取青春永驻的故事。——译者注

蚀，这正是自恋社会创造的社会特征。（Lipovetsky，1983）

如今，我们为自己而活，不关心我们的矛盾和我们的后代：历史感已经被我们抛弃。

我们所处的当下的时代，现代的和超现代的，包括不同的世代：有第二次世界大战后的第一代人，他们还未拥有亲密感但仍然珍视亲密感；也有最近的一代，即所谓的"Z世代"，可以观察到他们有明显的范式变化，如公开展示内在性，以及前所未有的时间加速的生活方式。

正如我在之前章节中所描述的，Z世代的特点是同时拥有各种独特的存在方式、关联方式和构想自己的方式，以及渴望连接以实现孤立。Z世代的个体不喜欢面对面互动。相比于实际操作，他们更偏重视觉。对他们来说，一个图像抵得上千言万语。他们更喜欢在两人之间放一个摄像头。他们更喜欢与对方保持距离。即时性和速度是主导性价值，它们都是最近才变得如此重要，如此新，如此重要，以至于出现另一项名为"慢"的运动，与之相对，其目标是缓慢地做所有事情。

今天，特别是对社会中的年轻人来说，范式已经从深层转移到平坦又坚硬的表面，即屏幕表面。这是一个由平坦表面构成的世界，在这里，创伤与突发事件对链式连接造成的干扰有关。任何打破连接串的事件都会造成一次创伤，而这最新的一代人并不会为这种干扰做好准备。创伤的概念总是存在于界限病态中，正在拓展为神经症中被压抑的潜意识的概念。当我们发现自己身处创伤的土地上时，只有相同的重复在此时此地发生，这会是记忆的新形式。例如，在分析小节中重复就是一种记忆（remembering）的方式。这不是对过去的重新记忆（re-remembering）；现在正在发生的就是一种记忆的方式。

欲望与时间有关，与预见某事的能力以及准备收获未来的满足感有关。今天则相反，人们通过速度和数量获得快乐。同样的享受，同样的从滑雪坡飞驰而下的力量感。这种对速度的享受、无止境的旅行或连续的性事带来了令人兴奋的力量感，这种力量感取代了现实中真实的彼者。了解彼者需要时间，而深入了解彼者需要更多的时间。速度和即时发生量缩短了欲望。今天，拜网络空间对历史的挑战所赐，网络空间中不存在实体的错觉可以被创造并维持下去。无常和虚拟空间可以用来终止主体的历史。我们暂时性的连接——现在与过去之间的根本性连接，我们栖居的身体，锚定在时间的流逝中——提供了一种连续感，让我们理解贯穿整部历史的我们究竟是谁，并将我们与曾经依赖或可能仍然依赖的其他人系在一起。但是，这种过去与现在之间的对话现在被改变了，个人与现实之间的关系也因此改变。一种新的二元逻辑占据主导地位：开／关作为存在／不存在的逻辑，没有思想，象征性的创造被取消。这与弗洛伊德（Freud，1920）描述的"去—来"（fort-da）的二元逻辑相反。在那个卷轴游戏中，男孩先扔出卷轴，再欢呼着把它捡回来就是在表达母亲的缺席。"开／关"是"我联系你／我阻止你"的同义词，也是"我是被连接的／我是被隐藏的"的同义词，正如我们在杰拉尔丁那里看到的，这与象征性的倾诉相去甚远。相反，由于过度兴奋或害怕孤独，"开／关"类似于我拿起它，我丢掉它。

在另一个层面上，二元逻辑与俄狄浦斯三元关系展开竞争。在这个三元关系中，一个人总是在父亲与母亲之间占有一席之地。这是三元关系中的一个位置，包含在三角形中的一个位置。在一个三角形中，组合的可能性更多，如与一个亲人联手，孤立另一个。在二元关系中，如果有三个人，则总会有一个人被排除在外。

在网络空间中，源于速度和即时可得的情感，取代了一个真实的但可能不受喜爱的彼者，尤其是对那些最年轻的社会成员来说，他们更喜欢躲在屏幕后面。这是一个根本问题，因为正是在与另一个有差异的彼者的接触过程中，心理性欲开启并得到倾诉。加速时代中的彼者是没有品质的彼者，沦落为可以控制和被控制的某人：开/关、连接/断开。杰拉尔丁把它叙述得很完美，在深夜联系，以便她的另一半可以看见她。她可以确定，对方在网页上拜访过她。

现在还很难下结论，因为Z世代的成员大多还不到20岁。[1]但毫无疑问，新的加速，不断增长的网络连接，对许多人来说是永久的，都在造就一个"当下主义"（presentism）[2]（Hartog，2003）帝国。

为今天而活，为现在而活，在字母"O"上画一个十字的"NOW"（现在）正是当下的潮流。我在纽约的一个画廊里，看到了一个名为"时间就是现在"（TiME

---

[1]　Z世代通常指1995年至2009年出生的一代人，此为原文版成书时计算的年龄。——译者注

[2]　"当下主义"这个术语由F.哈托格（F. Hartog）创造。

is NOW）的展览，"O"的顶部有一个十字架，好似一块墓碑。像帽子一样的十字架立在字母"O"上，它所在的"NOW"中，包含着爱的消亡，需要时间的人际关系，以及身体与同一空间中的另一个身体的关系正在消失。在"NOW"时代，我们不再喜欢思考，不再热爱文字，对图像的崇拜无处不在。我们在"真实的时间"（real time）内工作，但如果我们愿意，我们可以在接下来的五分钟里做爱。享受代替欲望。思考是令人痛苦的，我们逃离孤独和悲伤，在屏幕后面连接以寻找对缺席的补偿，尽管空缺依然存在，因为没有人真的以躯体形式在那里。这些特点伴随着逐渐增长的无力承受的痛苦和无力倾诉的丧失，以及建构受虐的失败——心灵的成形，要求对挫折具有最低程度的承受力。

"NOW"概念中的规范性超我发出享乐指令，享乐要在此刻就被体验到。我们没有时间来受苦。如果狗死了，就再买一条狗，或者用外出旅行来忘记我们的痛苦，或者点击一下临时选择的页面，在数千张面孔中寻找一张脸。这个世界偏爱所谓的"病态行为"以及其他问题，如重度抑郁、精神受限状态和躯体化。事物在以"相同"的顺序重复（De M'Uzan，1972）。

无法忍受挫折，也没有能力倾诉丧失，我称之为"我们这个时代的忧郁化"（melancholisation of our time）出现了，其特征是在行为中重复这种忧郁化。带有防御功能的行为印证了情境的创伤；这些行为恰恰与思考对立，仅仅以这种方式呈现，创造了一种远离心理现实的现实。一个已经完成的行为，其发生取代了现实及其功能。行为因在重复相同的、未经倾诉的事物而与某种致命的事物相关。心灵与躯体之间的距离在此处变得更加单薄而扁平（Green，2000）。

另一个变化也应考虑在内：正如莫雷诺（Moreno，2016）所说，"孩子与他们的时代而不是他们的父母更相像"。他引用了伊西多罗·贝伦斯坦（Isidoro Berenstein）最喜欢的一句话——我也喜欢这句话。我们年轻的病人们沉浸在社会的加速变化中。然而在过去，孩子们更像他们的父母，而不是社会。如今，他们接受他们看到的事物的影响，而这些事物与成年人呈现给他们的不同。大人们说每个事件都要弄清楚，可也有"难以言表的海量干扰"（Moreno，2016）。孩子尚未拥有他们的符号地图，只能描绘出一幅由早年的身体感知觉组成的象形图，而这些感知觉尚未经过心理处理（Aulagnier，1975）。但是，孩子已经拥有大量的感知觉连接，这些连接将被或不被公式化，有好也有坏。很小的孩子还不能产生联想，他们发现自己连接到了一个崭新的世界，与他们父母代表的世界十分不同。

这个问题对我来说似乎很有意义，因为从一个成年观察者的角度来看，我受社会的影响程度不同于我们的年轻人。那么，如何在不将新的事物妖魔化的情况下对其进行分析，以保持这个时代对人类贡献的新鲜感，并以我们能够了解的头脑和心灵去清楚地阐明它们，即使我们永远不可能完全了解这一新事物呢？如果在今天，一个人首先或者主要是社会的孩子，而不是父母的孩子，那么对分析家而言，事情将会发生变化。分析家关心的是思考其起源中的关联。这个在父母构成世界之外的世界，尽管它与父母传递的亲子讯息保持沟通，但父母忽视了在孩子身上和在当下这个世界里正在发生的事情。

在注重此时此地的文化氛围下，所有应用程序在任何智能手机上都可以立即下载。我们都希望我们的短信和电子邮件能立即得到回复，好像一切都变得很紧急。高速盛行。连接发生得如此之快，以至于它们取代了情感纽带。爱淹没或稀释在如此大量的连接和供给中。Z

世代渴望并偏爱——我再次提到这一点，因为它令人难以置信——通过互联网连接，而不是面对面接触。

一个人必须高速工作，高速享受，高速积累快乐。但在高速状态下，一切都变得更加脆弱。一切都会很快过去。这是对新奇的迷恋。这种新奇必须被不断创造，它永远无法彻底满足，就像小孩子永远不会满足于玩具，甚至还没来得及看见它们，就一个接一个地把它们扔掉。正如利波维茨基（Lipovetsky，1987）所说，一切都指向《蜉蝣帝国》（*The Empire of the Ephemeral*）；[1] 这是《空虚时代》（*The Era of Emptiness*）的一个特点（Lipovetsky，1983）。

永久的当下主义或缺席的缺席：
现在、享乐指令和 Z 先生

如"自我繁殖：被看见或死亡"一章所述，Z 先生写

---

[1] 最初的法语标题是 "L'empire de l'éphémère. La mode et son destin dans les sociétés modernes"（蜉蝣帝国：现代社会中的时尚与命运）。已被翻译成英文，书名为 "The Empire of Fashion：Dressing Modern Democracy"（时尚帝国：装扮现代民主）。

的短篇故事只能持续一首歌的时间，仅此而已。他创作出成堆的文学片段，仿佛它们是一种文字图片。一切都在当下，并且 Z 先生希望如此，因为他害怕死亡。他想成为一名作家。我们探讨他对历史的恐惧，对他众多故事之一的可能的发展的恐惧，以便形成一部小说。他知道时间在流逝，但也知道自己无法忍受这一点。自相矛盾的是，死亡是存在的，但生命在于挑战死亡，他如是说。他期待在自己的世界里体验到，或者试图体验到一种无尽的现在，而不是暂时性的发展。他看着街道，写下他眼前的瞬间；他写下他所看见的，或者创作一个几分钟的故事。他无法撰写章节，也无法历史化（historicise）——就连他的个人故事或幻想故事也不行。他的故事只能持续一首歌的长度，其间他描述了所看见的东西。

一天，他说他想念旅行，从一个地方到另一个地方。他喜欢那样做，去很远的地方看看。在这些旅行中，他几乎哪儿也不参观；他喜欢持续移动，不停地变换地方。他补充道：

> 我喜欢交朋友，但是在网上，这对我来说，在一定程度上是理想的：我们可以一年见一次面。网上

没有噪声，但你知道那里有一个人。它是一种心理建构，而不是物理存在。我喜欢一直连在网上。比起打电话或聊天，我更喜欢电子邮件。我觉得电子邮件更舒服，因为我能一点一点地按自己的节奏书写。线上的入侵性较低——你可以随时断开连接，并称"我刚刚在隧道里"，或者"我没有看到你的电子邮件"，或者"系统崩溃了"。顺便说一句，我从来没这么做过。它允许你待在一个泡泡里，这对我有好处。它可以让你在自己周围设置一个泡泡。那适合我。重要的是，知道你背后有一种支持。我不太需要躯体上的存在，尽管我和我的妻子很亲近。我更喜欢虚拟现实，因为它没有压力，我不会被甩掉，我喜欢一直连着的感觉。

我们看到不属于 Z 世代的 Z 先生似乎很适合这个世代。他逃避直接接触，让自己处于接触与缺席之间，保持连接，重视即时性、瞬时性，并成为一切的主人。他想交谈就交谈，想获得连接就连接。他拥有这种类型的权力。他是开始，也是结束。他希望自己没有过去，没有明天，可以躲避带来压力和伤害的情绪痛苦。他提到的泡泡像是一个心灵避难所（psychic refuge）（Steiner）。十字架在"O"上的"NOW"的胜利。他是因它才来到我的咨询室，因他对死亡的恐惧，可怕的疑病焦虑症发作打败了他。在他提到旅行的那一天前不久，是他的40岁生日，而且他很快就要有一个孩子了：这两个象征性的事实让他更加防御性地想要连接。他给我发了短信。他忍不住要求多做一次咨询。

在Z先生的心理发生学中，可能有什么东西阻止了时间与暂时性的成功组建。但是，除了自我结构的缺陷，这种缺失难道不符合新的社会现实的建议吗？通过拒绝变老，Z先生活出了今天年轻人的价值观。他似乎是他们中的一员。他害怕痛苦，自我庇护。但与此同时，他的陈述让我觉得，他在与他的原初客体一起运行，正如他总是连在网上。他们（他的原初客体们）没在那里，但就在那里。他们来了又走。他们在"四处游走"，Z先生觉得这是一种享受。没有人认为这个安静、被独自留下、脆弱、害怕分离的孩子，除了父母的摇摆不定，还需要什么。

以连在网上为标志，Z先生为自己除电子设备和在线书籍外无须使用纸张或任何其他物品写作而自豪。他喜欢表象，喜欢看和被看见；他展示自己，或者更确切地说，展示他的文本，因为像他说的那样，他喜欢立即出现的点赞。

正如莫雷诺所说，今天，孩子们享用着即时的新鲜感，网上冲浪的新鲜感。我的病人是这样吗？他是否携带了瞬间的创造力？他详细阐述了一些文本的片段，并把它们带给我看。除了在我们的工作中一起建立意义和表达，以解释他的疑病症痛苦，他还带来了他曾经生活的那个年代里的另一个新鲜的现实，或者说，在他的内心，他在重复一种早年的创伤，暗示着对入侵的恐惧。他的文本直接来自所表征的事物与表象之间的裂缝。他一般会通过 WhatsApp 当场发给我。以我的理解，对一连串连接的写作是指一个时间，然后是下一个时间，即连续的时间。Z 先生通过 WhatsApp 扔给我一些当下的时间点，也许就像它们曾被扔向他一样，尽管是通过其他方式。他把时间制造成诸多闪光，这种连续的稍纵即逝的瞬间构成的暂时性与创伤一起，相互加强，彼此丰富。他不做联想，因为联想意味着将一个原因与一个结果联系起来，会制造出一种令人恐惧的暂时性。他没有联想：他只连接，在莫雷诺的意义上。他经常在经典的意义上行动，这是一种讲述其现实的方式，我们必须为其命名。

拜连接所赐，Z 先生试图修复瞬间的永恒孤立，在那里他幻想着一种无压力的存在，既出于他所生活的时代提供的产品和他力所能及的手段，也出于他对情感联结的恐惧，这使他感到难以忍受的自恋性的脆弱。沉浸在连接中，他感到有陪伴和有价值：一个当下的人类原型，这个人从世界上的一个地方旅行到另一个地方，与他人或图像连接在一起。Z 先生展示了他的连接——他把它们展示给我。在我们的工作中，我们与之相连，一起寻找意义——他似乎被迫地喊出他需要的意义。再次引用莫雷诺（Moreno，2016）的话：

> 连接，作为一个与联想相对的概念，更确切地说，是与精神分析治疗中的自由联想相对的概念，是对一个陈述的文本记录，不构成表象，但是，它之后可能促进关联更改，更改之后可能形成表象。

据我所知，这一观点带来了一个有价值的贡献，我把它与其他作者所称的"行动"（act）或"行动病态"

（act pathology）联系起来，尽管它们并不完全相同。我的病人有连接，有行动，但不做联想。我帮他把他的疑病恐惧症与他的无助联系在一起。他接受这些联想并将其内化，他的症状得到改善。但他也在不同的方面取得了进展：他（与痛苦）连接，谈论他的连接，把它们一个接一个地放在一起（痛苦也相互接续），以另一种方法但不是联想。它们是一种信号，是一张症状清单。存在一种不带联想的陪伴。多亏了我们的工作，可预测的暂时性（这发生在我还是个孩子的时候，因此现在我能感觉到它）开始发生，尽管他还是坚持说，"我不做联想，明白吗？我连到了我的腿疼，或者连到我写的文字上，这才让我释放，我的快乐在这儿"。随后我们看到，通过他所说的，他执着于一个永恒的现在，想通过拒绝联想来将其扩大，尽管如此，他还是一点一点地开始联想。Z 先生意识到，为了有人陪伴，他是如何填满所有的小孔，并且看不到任何可能的裂缝。他与接踵而来的各种痛苦的连接，呈现为一种防御性的、理想化的、有连接性的状态。这是他对抗可能的被历史化的方式。他害怕他的痛苦，他说他为不理解他的痛苦而快乐，因为痛苦根本就不可理喻。他不想让痛苦变得有意义，他不想有开始，因为这会带来令人恐惧的终点。

Z先生的病态让他发现，新技术提供了无尽的防御，防止他踏入流逝的时间。然而，在他一个小节又一个小节地与我一起持续工作之后，他开始接受一种节奏，这个节奏可以帮助他平静下来。

心灵的建构需要时间

现在，同伴（socius）、社会都在对抗时间的流逝，然而，时间是思考和爱所必需的。卡斯特利亚诺（Castellano，2002）描述了这种生活方式，即没有休息，下班后就去社交，过上一种不受干扰的日子。[1] 同样，就像胡里奥·伊格莱西亚斯（Julio Iglesias）的歌里唱的，"愿夜晚不要中断，请求它不要中断"，[2] 夜晚似乎应该是无穷无尽的，用摇头丸和其他各种毒品来

---

(1) 选自 François Duparc（1997）. Le temps en analyse. *Revue Française de Psychanalyse, LXI*, No.5, Presse Universitaire de France, special edition for the 1997 Congress. ［注意：最初的法语标题是"analyse"（分析），而不是"psychanalyse"（精神分析）］。

(2) 原西班牙语歌词是"Que no se rompa la noche/Por favor, que no se rompa"（夜晚不要休息 / 请不要休息）。［注意：西班牙语的原始歌词是"休息"（se rompa）而不是"日落"（caiga）］。

维持。

我们观察到一种持续的身体躁动，"其目标是耗尽一种内在的性唤起，这种性唤起难以消退，因为无法找到一种真正能够抚慰它的方式"（Castellano，2002）。许多人下班到家后，会上网待上几个小时，直到上床睡觉，甚至在睡觉时，也通过智能手机保持连接状态。

爱情需要时间：了解对方和编织亲密感的时间。事实上，人类需要一种节奏，一种交替。婴儿需要被摇晃才能平静下来，然后被单独留下。一个成年人应能在关掉房间里的物理灯光以及他们的大脑、欲望和幻想的灯光后，进入梦乡，以便获得恢复性的睡眠。

在离开这个人找到下个人之前，忍受一些孤独，这可能是可取的。一段关系的巩固需要时间。情欲需要微妙与平静，而不是赤裸裸地释放性紧张。

当使用合理时，互联网可以产生充满爱意的电子邮件或构建许多渴求的东西，但如果不加限制地使用互联网，以及它所提供的性服务和供应窗口——唯一永不下班的市场——可能会在许多缺乏内在界限的人身上造成一种心灵毁灭，即一个无法成形的心灵。

如今，许多人在不同的时区或地区工作，这很容易让他们一天 24 小时都保持清醒。约会网站提供即刻的性。我们可以用同样的即时性，拥有一种虚拟的和生理的性关系。如果愿意的话，我们可以不用离开这个受永久的当下主义支配的虚拟的繁衍之地。

正如我们在前面看到的，网络允许选择这样做的人有机会创造一个关于他们自己的故事，否认他们的真实生活，并抹去他们伤痛的过去。所有这一切都与最新的趋势相一致。这种趋势将个人主义理想化，而且，就任何趋势而言，必然会强加一种暂时性，这种暂时性概括了对当下时刻的崇拜。"时尚社会无疑已经抹杀了体现在传统世界中的过去的力量。这也已经影响了未来的投资……"（Lipovetsky，1984）这是顶部装饰着十字架的"NOW"的统治时代。

每天，最让观众开心的节目是实时真人秀。我们的社会每天都变得更加沉浸在精神无法代谢的创伤性的性唤起中。交友网站令人上瘾——这是网站上发布的警示。悲伤是落伍的，因此我们需要赶紧埋葬死去的人，把他忘记，尽快再次享受。如果倾诉意味着痛苦，为何要倾诉？及时行乐（Carpe diem）。当点击一下就能找到数百万人时，为何要悲伤？好好享受吧！

社会赞扬的价值观包括永无止境的享受，不受干扰的永恒的青春，以及永久的正能量。新的心理学方法——仅需几个治疗小节的短程治疗，可以在短短几个小时内教人变得自信、快乐或别的什么。如果青春、美丽和幸福应当成为永恒，它们如何与人类的凡胎本性相匹配？成长和成人是需要时间的。爱必须得到不断重复的满足体验才能维系。

请给我没有痛苦的当下主义！
生命受虐在心灵构建中的失败及其危险

人们生活得越来越紧密。只要他们愿意，就可以一天 24 小时保持联系。连接可以是暂时的，可以是一个接一个的，还可以同时在多点发生。我们中的许多人都在 Facebook、YouTube、WhatsApp、Twitter、Instagram、Meetic 或 eDarling 上创造了一种永恒感，彻底逃离所有真空。时间是另一个消费对象，它可以被填满。幻想与一个不会消逝的永恒现在有关。

一切都恰好与构建心灵所必需的东西背道而驰，即对一种可以忍受的真空的体验。我称之为"我们这个时代的忧郁化"，随着一种叫作"连接"的新范式的出现，变得越来越严重。这种新范式的新颖性使得人们对它知之甚少。

通过精神分析，我们知道心灵的建构需要真空。心理结构不仅需要缺失感，还需要承受可承受的痛苦的能力，以及抵御由真空产生的不适体验的能力。这些是我们的世界试图忽略或否认的迫切需求。基本上，一个人从一开始就要忍受不能始终把母亲的乳头含在嘴里的痛苦，不得不接受乳房只能依据母亲的意愿，在适当时刻才会被送到嘴里。这是对作为生命之源的必要受虐的最初轨迹的隐喻。

除了通常被理解为性变态的受虐，还有一种被称为唤起性欲的、原初的受虐，即"生命的守护者"（guardian over life）（Rosenberg，1991）。在弗洛伊德及其以后的精神分析理论中，它被描述为心理结构的关键。它包括从出生开始就需要忍受一些痛苦，延迟排便产生的即刻满足，以获得更大的满足。一个简单的例子便是忍受牺牲和保持耐心，以便拥有一份事业和追求更大的成就。由于多年的牺牲、忍受不快和多次放弃即刻满足，一个人获得了大学学位。正是因为有这种忍耐可容忍的受虐痛苦的最初能力，心灵才能够承受缺失并适当成型，这种受虐能力是健康和必要的。这种受虐处于心灵中的重要位置，等同于与破坏性驱力的第一次心理黏合。正是这个心灵奇迹让一个人能够推迟即刻排便，并让由客体、外部或个人身体产生的性唤起变得可以接受。

从受虐性的角度来说，正是这种承受挫折而不过分痛苦的能力，让人类在其起源中变得有所不同，可以形成主体的自我，并与彼者的自我相分离。这可能要归功于最初客体（主要是母亲）的合作、思考、猜测，以及共情。

以这种方式，母亲帮助婴儿形成了对来自身体和原始心灵的第一次痛苦和第一次焦虑的倾诉，自我与非自我之间的分化得到了发展。就这样，人类开始了成为一个自主的主体的漫长旅程。感谢这种受虐性，向生而为，守护生命，看护存在；渐渐地，人类获得了区分内在和外部的能力，如对缺失客体的表征能力，当她不在的时候，可以不过度焦虑地等候她的归来。

以这种方式，心灵被建构起来用来思考、创造、幻想。由于第一个"足够好的母亲"（Winnicott，1973）的在场，这种缺失是必要的，也是可以忍受的。她使性唤起变得可以接受，并使缺失不再被体验为过度痛苦，变得可以忍受。

桑多尔·费伦齐（Sandor Ferenczi）为理解心理暂时性作出了巨大贡献，赋予外部客体极大的重要性。当外部客体不够好，会通过使用激情（passion）的语言让孩子遭受创伤，令孩子色情化，而孩子因其未成熟是完全柔弱的，从而无法理解正在发生的事情。

费伦齐的贡献完美切合当前的社会。这个社会充斥着性唤起，充斥着受苦于安抚功能方面存在缺陷的个人，在一定程度上解释了界限病态的增加。一些父母或许未能保护他们的孩子免受强烈的刺激，但当前的社会也在传递一种性唤起，正如我们所看到的：过度的，不可控的，因此是创伤性的。

费伦齐指出的成人与儿童之间的语言混淆（Ferenczi，1933），对我的阐述很重要。他说，一个成年人对一个孩子进行"精神强奸"，指的是成年人使用激情的语言，以这种方式"强奸"没有适当的心理来进行理解的孩子；除此之外，当孩子的绝望被否认时，孩子被剥夺了语词，如同被剥夺表征。这会产生一种"被表现"而非"被表征"的创伤。

创伤在历史的暂时性之外，就像如今理想在历史的暂时性之外，作为一种荒谬的企图，嘲笑死亡，以便活在永恒的享乐之中。历史性的当下会设立一个在场和一种认同，而在一个创伤性的当下，一切都被冲淡了，没有主体，也没有主体与客体之间的对立。没有表征，没有幻想，只有一个正在进行的重复，以释放一个人没有意识到的东西。如果目标是消除死亡的现实，这便设置了一个界限，在一个无法精准开始的时间里，实际得到的是一种无限期的死亡。这就是悖论的顶点。为了不把自己看成凡人，一个人在精神上杀死了自己。

用更简单的话来说，正是因挫败感和客体的缺失（这个客体基本被定义为原初母亲），这个缺失的客体才会被幻想。一个母亲需要离开去做别的事情，随后心灵开始启动，寻找一个关于满足感缺失和存在感缺失的解释。心灵开始从这种必要的缺失中搭建自己。但是孩子，甚至是成年人，不会停止思念这个原初客体，的确如此，因为每个母亲总会在她的孩子之外拥有一份生活。

心灵在它所及范围之内可以拥有无穷无尽的客体，力图把一个空乏的空间塞满，这个空间象征着原初母亲的缺席，此时又会发生什么呢？我们会进入行为病态：行动是为了抹除真空。当心灵一边搭建存在，一边不断遭遇空缺，这两者之间如果没有了令人舒缓的节奏的交替，会发生什么呢：乳房／没有乳房，白天／晚上，吃／不吃？为了感到饥饿和想吃东西，看到一个可以提供食物并消除饥饿的人，她将因其生产的满足感（或挫败感）而被赋予爱（或恨，如果她做得不够好）。最低剂量的缺失是必要的。如今，有大量的人在真实时间里工作，同时寻找与屏幕的连接，而在屏幕里，图像占据了主导，用所有事物和所有人的图像填充一个有关不可避免的缺失的黄粱美梦，以及一个永远在线的天堂和永恒的存在。这就是我们想要的答案吗？

一个男人为一个修改个人资料的女人点赞，这算得上是Facebook上的大事。只为展示和外表而生的世界可以占据太多的时间与空间。它扩展了当下。这种关于现在的文化自带所有创面。

对隐藏在虚拟现实中的主体而言，真实时间的消失——虚拟时间是其变体——消除了边界和距离

（Sahovaler de Litvinoff，2009）。它抹去了延迟、等待和真空，并在构建心灵所必需的不连续性的前面，提供了一个没有暂时性的世界。

只有通过等待和相对的真空，心灵才能被搭建起来，欲望才能升腾。这与即刻性相反，即刻性只会扼杀欲望和爱。

我们生活在网络图片时代，图像瞬息万变，视觉事实为王。摄影定格时间。关于发展的感觉正在消失。取而代之的是一连串的照片，驻留在即刻的当下，以及一瞬间的即时性。即时的东西重复了一遍又一遍。无论我们身在何处，保持连接状态，或能够被连接上，都已成为史实性螺纹，它能让一些生命继续发展，或者把他们旋扣在一种永恒当下的体验中。

行动与重复：永恒当下和忧郁化

活在一个永远不会过去的时代，等于滞留于一种忧郁的悲伤状态，因为这正是忧郁的定义，而悲伤是让丧失可以得到倾诉。在一种忧郁状态下，过去不会消失。

它变成一个连续的当下，强迫性地重复，使得心灵的倾诉变得不可能。这种强迫性的重复不同于简单的重复，后者旨在阐述事实和经历。当一个人类主体遭受创伤的时间太早，使倾诉不可能发生时，强迫性重复就会出现。这个创伤无法命名，心灵则会滞留在伤痛发生时刻的禁锢之中。

这难道不是我们的网络世界里越来越多地发生的事情吗？在这个世界中，许多人保持固定，锚定在一个当下的重复之上，没有过去，也没有未来。

在前几章中，我已经假设了一个当前的社会，它通过制造无穷无尽的、不可代谢的能量来生产创伤。当代性主宰一切，在一般意义上指我们都活在当前的外部事物之中，即当下，但还有另外一层含义：我们的心灵让位于实际和现实的东西，从深层心理学的角度理解，心灵的倾诉已变得不再可能，仿佛时间已经冻结。这是为避免思考而采取的行动方式，和／或因创伤无法被思考而行动；行动是为了释放，为了通过避免思考而得到放松；这样的行动充满意义，但它是未知的知识，无人知晓未意识到的层面。一种心智缺席的过去—现在—未来的凝缩。实际上，这就是思想的崩溃。

精神分析从一开始就对神经官能症（actual neurosis）和精神神经病（psychoneurosis）作了区分。也就是说，神经官能症包括与过度性唤起相关的创伤或不同类型的焦虑。我真的确信，在我们所生活的这个时代，我们必然会看到这种神经官能症的增加。

当主体的自恋因其早期客体犯下的错误而受了伤，未能使性唤起变得对主体来说可以承受，主体便会倾向于撤回对客体的情感，并继续沉浸于一种过度性唤起的状态，就像我们在德克身上看到的（我在"司空见惯的故事"一章中谈到过）。于是，这个主体便不再能暂时化。他们发现自己被囚禁起来，被判处接受一种永恒的当下的刑罚，紧随经济性溢出。这不仅使思考活动变得不可能，而且使驱力几乎完全锚定在过度性唤起的身体里，使其找不到一种方法来呈现它的感觉，并倾向于通过最短的路径来管理能量饱和度,确保其尽快恢复饱和:多行动，少思考。例如，德克打开智能手机，与位置距离最近的女人会面，就像犯毒瘾。自我可以断裂和分裂，否定自己的一部分。

德克曾经一离开我的办公室就立刻需要泄欲。很明显，为其行为提供意义的黏合工作在刚开始并不奏效，他仍在未经疏导的性唤起过剩的摆布之下，因此，他通过字面意义上的行为将其排泄出去。

正如格林（Green，2000）所说，这里发生的是行为的执行，即行动创造现实：这个现实与复杂的心灵表征相去甚远。这个现实就是重复，是以排泄为特征的死循环。这个动作，这个排泄，是一种运动行为（motor act）。这是用来安抚无法被思考的紧张感的最短路径。运动行为是离思想最遥远的东西。它是驱力中的最强驱力，扎根于身体，是人类最本能的一面。它离躯体最近。排泄是为了逃避思考，恢复一种先前的状态，回到那个小孩子还不知道该如何延迟排便的时刻，回到那个还没有与成年人区分开的时刻。而且，根据格林（Green，2000）对弗洛伊德的诠释：

> 早期状态实际上是原始状态，对弗洛伊德来说，意味着躯体（soma）。重复的排泄实际上是试图在心理装置的核心部位创造一个真空。正是在这个意义上，强迫性重复是对时间的谋杀。

一切都在发展，仿佛意义是多余的。

一个人一遍又一遍地重复他的行为，与创伤性事实发生之后的驱力动员有关。为什么要重复？重复什么？被重复的是被遗忘的过去（Freud，1912，1920）。一个人采取行动是因为没有一个客体能够调节其性唤起，并将其转化为可以忍受的东西，这原本有助于达成暂时性任务。因此，正如我在本书中强调的，在行动时，驱力变得比用语言交流、表达自己的欲望更强大。我们处在一个非常不同的暂时性经济中。如今，同伴作为一个有缺陷的客体出现。正如格林（Green，2000）所说，这将是一场无法阻止的内在海啸的表达，它会制造一种"短路"，并通过某种行为表现。这个行为取代了言语、理解，并阻断了事实与词汇表征之间的联系。

这意味着驱力-客体对（drive-object pair）中出现了错误。意味着母亲不是一个足够好的母亲，即不具备奥拉尼耶（Aulagnier，1973）所述的下列特征：

她成功压抑了自身的婴儿期性欲；对孩子有一种爱的感觉，她同意她所处环境的文化论述中关于母性功能的大部分内容；孩子的父亲在她身旁，她对他的感觉多为积极正面。

如果不是这样，我们将面对格林（Green，2000）所说的潜意识炸毁（explode）时间[1]。一个时代不再具有连续性，而连续性暗示着过去—现在—未来的顺序。一个崩溃的、"短路"的时代。这是快乐原则失败的时代。在这些情况下，承载挫折带来的痛苦所必需的受虐性已经失败。它失败了，因为主体不再能够控制过度的不适，其客体也无力协助。它失败了，就像经历了一场海啸。在约会网站上上演的对客体的渴望中，在寻找即刻的性释放的夸张举动中，我们都可以看到这种失败的迹象。人们不再给自己配备健康的受虐功能——生命的守护者，而是在某些情况下，给自己配备一种致命的受虐。致命是指受虐关系中不存在客体，而只是在寻找极端的痛苦，为了让自己感觉还活着。

健康的受虐总是意味着存在一个客体。在对迷恋的物体实施重复的行为中或在行动中，客体消失了。人们会近乎绝望地搜寻一个容器，即客体的替代品，不断寻

---

(1)　　原文法语为"Le temps éclaté"（时间爆炸）。

找痛苦，将痛苦作为一种承载界限。

人会回到忧郁这一客体：一个被彻底吞噬、吞并的客体。这是客体与自恋融合的自恋之地，是反爱，是欲望的消失。

10

结 论

在这个以数据化和全球化连接为标志的时代，在一个沉浸于虚拟现实的世界，"@"穿透了爱，而"l@ve"被关注（follow）裁定，爱神厄洛斯痛苦不堪，纳喀索斯则宣告他的全面胜利。

在这样一个全球化的世界，我的文字充满了不言自明的英式风格和计算机符号。我已经发动了对爱情的谋杀，并用色情制品的繁荣取而代之，恋爱关系中的彼者已退化为点赞的贡献者，这是一种现代形式的赞美。我展示了心理性欲因粗野的性爱以及情爱分离而痛不欲生。我谈到了亲密感的悖论，作为一种革命性的存在形式，它一面被抛弃，一面又被病态地公开展示。我还谈及我们受此时此地支配的时代，享受变成一种义务，空虚的不可能性，倾诉能力的缺失。

范式从爱转变成连接，从时间发展转变成被期望成为永恒的当下主义，这妨碍了对丧失的倾诉。从私密到公开展示，所有这些元素在社会中激发出过度性唤起，让这个社会变得越来越受创伤，也越来越具创伤性。因此，这个社会搜寻自作聪明的方式进行自救，新性欲，与生殖器性欲无关的性行为，将这些作为幸存手段和心理存在的方式。

尽管我们有责任去赶紧思考这些自作聪明的自救方式——即使这本书展现出这个自我时代（the ago of the ego）的爱情最具破坏性的一面——但我不想将它妖魔化，或是进行道德说教，而是想确认它属实并加以解读。我发现，重要的是要尝试并欢迎新的情势，这个情势以及它具有的所有新奇之处都必须得到审视，而不是重复前人认为的"过去的时光总是更好"的那些老话。连接的主导地位前所未有；虚拟世界的存在前所未有；亲密含义的重大改变前所未有；我们的皮肤和手掌可以如此便捷地触及个人电脑，这前所未有。作为一名精神分析家，我相信这些现象带来的元素和情势迫使我们重新思考精神分析理论和实践。我们让新技术工具与病人一同躺在躺椅上，这前所未有。某些情况的出现也是前所未有的——如一个陌生人突然闯进一群朋友的聚会。

如果要问精神分析家的特征是什么，那就是他们的倾听能力，以及他们必须听见行为、听见新事物、一听再听的义务，这样才能理解被说出来的是什么，才能理解社会中的新事物所产生的影响，以及它在心灵中的发声，这仍然是减轻痛苦和建立自我的基本要求。心灵始终在与社会进行对话，运用与彼者对话的驱力。精神分析家的任务是力图去理解。这项任务奇妙无比，需要一条千头蛇助力。对精神分析而言——我认为精神分析能够在社会中持续存在实在是一种万幸——行为、新事物、言语和创造力，它们总会包含一个让人意想不到的维度，因为它们总在谈论一些位置超前的或属于过去的东西。它们总有言外之意，比说出来的要多得多，那些必须经过探索才能发现的东西，就像一件艺术品或一个文本。这项任务令人着迷，让我们去探索人性的黑暗与精巧，即使不健康，也有助于加深我们对与当今世界提出的挑战有关的心灵的理解。

参考文献

Albernaz de Mel Bostos, L. (2011). El exceso contemporáneo en el cuerpo de la mujer o No toda brasileña es una cola. In "Exceso". *Calibán: Revista Latinoamericana de Psicoanálisis, 11* (2), 2013.

André, J., Dreyfus-Asséo, S., & Hartog, F. (2010). *Les récits du temps.* Paris: PUF.

Antimucci, G. (2013). Lavoro dell ídentità nello spirito del tempo cibernetico. In: *Psicoanalisi, identità e Internet.* Milano: FrancoAngeli. In English: Antimucci, G. (2016). *Psychoanalysis, Identity and the Internet.* London: Karnac Books.

Aulagnier, P. (1975). *La violence de l'interprétation.* Paris: PUF. In English: Aulagnier, P. (1975). *The Violence of Interpretation: From Pictogram to Statement.* A. Sheridan (Trans.). London: Routledge, 2001.

Aulagnier, P. (Castoriadis-Aulagnier) (1976). *Du secret*, 14, Automne (2003/3).

Badiou, A. (1989). *Manifiesto por la filosofía*. Madrid: Cátedra, 1991. In English: Badiou, A. (1989). *Manifesto for Philosophy*. N. Madarasz (Trans.). New York: SUNY Press, 1999.

Badiou, A. (2013). *Pornographie du temps présent*. Paris: Fayard/France Culture. In English: Badiou, A. (2013). *The Pornographic Age*. A. Bartlett & J. Clemens (Trans.). London: Bloomsbury Academic, 2020.

Badiou, A. & Truong, N. (2009). *Eloge de l'amour*. Paris: Champs Essais. In English: Badiou, A. & Truong, N. (2009). *In Praise of Love*. P. Bush (Trans.). London: Serpent's Tail, 2009.

Barlow, J. P. (1996). *A Declaration of the Independence of Cyberspace*. Published from Davos, online, 8 February 1996. [Accessed via https://www.eff.org/cyberspace-independence].

Barthes, R. (1977). *Fragments d'un discours amoureux*. Paris: Éditions du Seuil. In English: Barthes, R. (1977). *A Lover's Discourse: Fragments*. R. Howard (Trans.). New York: Hill & Wang, 2010.

Baudrillard, J. (1996). *Le crime parfait*. Paris: Éditions Galilée. In English: Baudrillard, J. (1996). *The Perfect Crime*. C. Turner (Trans.). Brooklyn, NY: Verso, 2008.

Baudrillard, J. (2007). *La disparition du monde réel*. www.youtube.com. In English: Baudrillard, J. (2007). *The Murder of the Real World*. www.youtube.com.

Bauman, Z. (2003). *L'amour liquide: De la fragilité des liens ente les hommes*. Paris: Hachette Littératures. In English: Bauman, Z. (2003). *Liquid Love*. Oxford: Blackwell Publishing Ltd.

Beveridge, J. (2015). A tangled web: Internet pornography, sexual addiction and the erosion of the attachment. In L. Cundy (Ed.). *Love in the Age of the Internet: Attachment in the Digital Era*. London: Karnac Books.

Björklind, Ch. (2014). Psychoanalysis and the new technologies: The future of the talking cure and the body ego in the digital era. *EPF Bulletin*, 68.

Bleger, J. (1967). *Simbiosis y ambigüedad*. Buenos Aires: Editorial Paidós. In English: Bleger, J. (1967). *Symbiosis and Ambiguity*. London: Routledge, 2012.

Bokanowski, T. (2005). Variaciones sobre el concepto de "traumatismo": Traumatismo, traumático, trauma. *Rev. Psicoanál*. APM, 44, 15-31.

Burdet, M. (2013a). Soplan aires de excitación excesiva. *Rev. Psicoanál*. APM, 70, 11-48.

Burdet, M. (2013b). Lack of discrimination as a defense mechanism. Chapter VI. In E. P. Mari & F. Thomson-Salo (Eds.). *Masculinity and Feminity Today*. London: Karnac Books.

Castellano, E. (2002). Actualidady temporalidad. In "La temporalidad", *Revista de psicoanálisis de la APM*, 37.02. Madrid.

Chabert, C. (1989). Un battement de coeur en trop. *Nouv. Rev. Psychanal.*, 39, 153-166.

Chabert, C. (2003). *Féminin mélancolique*. Paris: PUF.

Cheney, B. (26 April 2017), How cell phones changed the therapist-patient relationship. Featured in *IPA Newsletter*, 11 May 2017. [Accessed via: http://nymag.com/scienceofus/ article/how cell-phones-changed-the therapistpatient-relationship.html].

Coetzee, J. M. (1999). *Desgracia*. Rome: Mondadori, 2005. In English: Coetzee, J. M. (1999). *Disgrace*. M. Martinez-Lage (Trans.). New York: Vintage.

Communiqué de presse. Enquête de l'IFOP pour CAM4. May 2015.

Crespo, M. (2015). Cómo Tinder acabó con el amor. *El Mundo*, 6 October 2015. [Accessed via: https://www.elmundo.es/papel/todologia/2015/10/06/56125420e2704e07638b457a.html].

Cundy, L. (2015). *Love in the Age of the Internet*. London: Karnac Books.

De M'Uzan, M. (1972). *De l'art a la mort*. Paris: Gallimard. Collection Tel Quel.

Deleuze, G. (1994). *Difference and Repetition*. London: Athlone.

Denis, P. (2012). Phobie de la passion et sexualité narcissique. In "Vies amoureuses", *Libres cahiers pour la psychanalyse*, Printemps, 2012, 25.

Didi-Huberman, G. Public interview, 18 December 2010.

Dowd, M. Tragedy of the comedy. *New York Times*, 3 August 2010. [Accessed via nytimes.com, 17 October 2011].

Eco, U. (2017). *Chronicles of a Liquid Society*. London: Harvill Secker (Posthumous publication).

Egidi, V. (2013). From Prometheus to Big Brother: A prosthetic god, truly magnificent. In A. Marzi (Ed.). *Psychoanalysis, Identity, and the Internet: Explorations Into Cyberspace*. London: Karnac, 2016.

Ehrenberg, A. (1998). *La fatigue d'être soi. Dépression et société*. Paris: Odile Jacob. In English: Ehrenberg, A. (1998). *The Weariness of the Self*. Montreal: McGill-Queen's University Press, 2016.

Ehrenberg, A. (2010). *La société du malaise*. Paris: Odile Jacob.

Ehrenberg, A. (2014). Narcissisme, individualisme, autonomie: Malaise dans la société. In "Cents ans de narcissisme". *Rev. Fran. De Psy.*, March, T. LXXVIII-1. Paris: PUF.

Eiger, A. (1993). Psicosisy perversión narcisista. Vicisitudes del despertar de la pulsión. *Revista APM*, 18, November 1993.

Ferenczi, S. (1929). El niño mal recibidoy su impulso de muerte. *Obras completas*, t.4. Madrid: Espasa Calpe. In English: Ferenczi, S. (1929). The unwelcome child and his death instinct. *Int. J. Psychoanal*, 10, 125-129.

Ferenczi, S. (1933). Confusión de lenguas entre el adulto y el niño. *Obras Completas*, t. 4. Madrid: Espasa Calpe, 1984, 139-149. In English: Ferenczi, S. (1933). Confusion of tongues between adults and the child—the language of tenderness and of passion. *Int. J. Psychoanal*, 1949, 30, 225.

Fonagy, P. & Target, M. (1996). Playing with reality, 1. Theory of mind and a normal development of psychic reality. *Int. J. Psychoanal.*, 77, 217-233.

Foucault, M. (1976). *Histoire de la sexualité* I. La volonté de savoir. Paris: Gallimard. In English: Foucault, M. (1976). *The History of Sexuality, Volume I: An Introduction*. Robert Hurley (Trans.). New York: Pantheon Books, 1978.

Freud, S. (1893-1895). *Studies on Hysteria. S.E.* 2. London: Hogarth Press.

Freud, S. (1900). *The Interpretation of Dreams. S.E.* 6. London: Hogarth Press.

Freud, S. (1901). *The Psychopathology of Everyday Life. S.E.* 6. London: Hogarth Press.

Freud, S. (1905a). *Three Essays on the Theory of Sexuality. S.E.* 7, pp. 125-249. London: Hogarth Press.

Freud, S. (1905b). *Fragment of an Analysis of a Case of Hysteria.* *S.E.* 7, pp. 3-125. London: Hogarth Press.

Freud, S. (1909). *Family Romances. S.E.* 9, pp. 235-245. London: Hogarth Press.

Freud, S. (1912). *On the Universal Tendency to Debasement in the Sphere of Love. S.E.* 11, pp.177-191. London: Hogarth Press.

Freud, S. (1914). *On Narcissism. S.E.* 14, pp. 73-103. London: Hogarth Press.

Freud, S. (1915a). *Instincts and Their Vicissitudes. S.E.* 14, pp. 109-141. London: Hogarth Press.

Freud, S. (1915b). *Mourning and Melancholia. S.E.* 14, pp. 243-259. London: Hogarth Press.

Freud, S. (1915c). *Remembering, Repeating, and Working-Through (Further Recommendations on the Technique of Psycho-Analysis). S.E.* 22, pp. 145-157. London: Hogarth Press.

Freud, S. (1920). *Beyond the Pleasure Principle. S.E.* 28, pp. 1-65. London: Hogarth Press.

Freud, S. (1921). *Group Psychology and the Analysis of the Ego. S.E.* 28, pp. 65-145. London: Hogarth Press.

Freud, S. (1929). *Civilization and Its Discontents. S.E.* 21, pp. 59-149. London: Hogarth Press.

Freud, S. (1933). *New Introductory Lectures on Psycho-Analysis. Lecture XXXI. S.E.* 22, pp. 57-81. London: Hogarth Press.

Freud, S. (1939). *Moses and Monotheism: Three Essays. S.E.* 23, pp. 1-132. London: Hogarth Press.

Gabbard, G. (2014). Cyberpassion: E-rotic transference and the internet. In A. Lemma and L. Caparrotta (Eds.). *Psychoanalysis in the Technoculture Era.* London & New York: Routledge.

Green, A. (1980). *The Dead Mother.* New York: Routledge, 1999.

Green, A. (1993). Desconocimiento del inconsciente. In *El inconsciente y la ciencia*. Buenos Aires: Amorrortu (original work published 1991).

Green, A. (2000). *Le temps éclaté*. Paris: Les Editions de Minuit. Collection Critique.

Han, B.-C. (2014). *Psychopolitik. Neoliberalismus un die neue Machttechniken*. Frankfurt am Main: S. Fischer Verlag GmbH,. In French: Han, B.-C. (2014). *Néopolitique. Le néolibéralisme et les nouvelles techniques de pouvoir*. Strasbourg: Circé, 2016. In English: Han, B.-C. (2014). *Psychopolitics: Neoliberalism and New Technologies of Power*. Brooklyn, NY: Verso Books, 2017.

Han, B.-C. (2015). *La agonía del Eros*. Barcelona: Herder Editorial. In English: Han, B.-C. (2015). *The Agony of Eros*. E. Butler (Trans.). Cambridge, MA: The MIT Press, 2017.

Hartog, F. (2003). *Régimes d'historicité. Presentismes et expériences du temps*. Paris: Éditions du Seuil. Or vimeo. com/22751134 22/4/2011.

Hernández Busto, E. Tribulaciones del joven @werther. Opinión. *El País*, 7 November 2013.

Illouz, E. (2006a). *Pourquoi l'amour fait mal? L'esperience amoureuse dans la modernité*. Paris: Éditions du Seuil. In English: Illouz, E. (2006a). *Why Love Hurts: A Sociological Explanation*. London: Polity Press, 2012.

Illouz, E. (2006b). *Les sentiments du capitalisme*. Éditions du Seuil. In English: Illouz, E. (2006b). *The Making of Emotional Capitalism*. London: Polity Press, 2007.

Illouz, E. (2014). *Hard-Core Romance: "Fifty Shades of Grey", Bestsellers, and Society*. Chicago IL: University of Chicago Press.

James, E. L. (2011). *Fifty Shades of Grey*. Self-Published, 2011. London: Vintage Press, 2012.

Jelinek, E. (1983). *The Piano Teacher*. J. Neugroschel (Trans.). New York: Grove Press, 2004.

Jost, F. (2012). *El culto de lo banal*. Buenos Aires: Libraria Ediciones.

Kestemberg, E. (1978). La relation fétichique à l'objet. "Le fetiche". *Rev. Franc. Psychanal*, 42, 195–214.

Kleeman, J. The race to build the first sex robot. *The Guardian*, 27 April 2017. [Accessed via: www.theguardian.com].

Kraemer, F. (2015). *SOLO NO SOLO Quel avenir pour l'amour?* Paris: PUF.

Lacan, J. (1966). *Écrits*. Paris: Éditions du Seuil. In English: Lacan, J. (1966). *Écrits*. B. Fink (Trans.). New York: W. W. Norton & Company, Inc., 2007.

Lasch, C. (1979). *The Culture of Narcissism*. New York: Warnen Books, 1979.

Lasch, C. (1984). *The Minimal Self: Psychic Survival in Troubled Times*. New York: W. W. Norton & Company, 1984.

Lemma, A. (2016). El psicoanálisis en tiempos de tecno cultura: Algunas reflexiones sobre el cuerpo en el espacio virtual. *Libro anual de psicoanálisis*, XXXI-2016.

Levinas, E. (1993). *El tiempo y el otro*. Barcelona: Paidós-ICE UAB. In English: Levinas, E. (1979). *Time and the Other*. R. A. Cohen (Trans.). Pittsburgh, PA: Duquesne University Press, 1987.

Lipovetsky, G. (1983). *L'ère du vide. Essai sur l'individualisme contemporain*. Folio Essais. Paris: Gallimard.

Lipovetsky, G. (1987). *L'empire de l'éphémère*. Folio Essais. Paris: Gallimard.

Longo, M. (2016). Exploring the subtle mental boundary between the real and the virtual. In A. Marzi (Ed.). *Psychoanalysis, Identity, and the Internet: Explorations Into Cyberspace.* London: Karnac, 2016.

Mahler, M. (1968). Separation: Individuation, Vol. 2. In *Separation: Individuation: Essays in Honour of Margaret S. Mahler.* Madison, CT: International Universities Press, Inc, 1971.

Marzi, A. (2016) (Ed.). *Psychoanalysis, Identity, and the Internet: Explorations Into Cyberspace.* London: Karnac Books.

Mayer-Schönberger, V. & Cukier, K. (2013). *Big data. La revolución de los datos masivos.* Madrid: Turner. Colección Noema. In English: Mayer-Schönberger, V. & Cukier, K. (2013). *Big Data: A Revolution that Will Transform How We Live, Work, and Think.* London: John Murray.

McDougall, J. (1978). *Plaidoyer pour une certaine anormalité.* Paris: Gallimard. In English: McDougall, J. (1978). *Plea for a Measure of Abnormality.* New York: International University Press, 1980.

McDougall, J. (1989). *Théâtres du corps.* Paris: Folio Essai. In English: McDougall, J. (1989). *Theaters of the Body: A Psychoanalytic Approach to Psychosomatic Illness.* New York: W. W. Norton & Company, Inc.

Moguillansky, R. (2013). Acerca de la noción de exceso, su pertinencia en psicoanálisis y los excesos de la noción de exceso. In *"Exceso", Calibán: Revista Latinoamericana de Psicoanálisis, 11* (2), 2013.

Moreno, J. (2016). *El psicoanálisis interrogado.* Buenos Aires: Lugar Editorial.

Nasio, J. D. (1998). *El dolor de amar.* Barcelona: Gedisa Editorial,

2007. Originally published in French: *La douleur d'aimer.* Paris: Payot, 1998.

Parsons, M. (2010). Remémorer son histoire. In *Les récits du temps. Under the direction of Jacques André, Sylvie Dreyfus Asséo & François Hartog.* Paris: PUF.

Quignard, P. (1994). *Le sexe et l'effroi.* Paris. Gallimard. Collection Folio. In English: Quignard, P. (1994). *Sex and Terror.* C. T. Kolkata (Trans.). India: Seagull Books, 1994.

Racamier, P.-C. (1992). *Le génie des origines: Psychanalyse et psychoses.* Paris: Payot.

Racamier, P.-C. (1995). *L'inceste et l'incestuel.* Paris: Les Éditions du Collège.

Rosenberg, B. (1991). *Masochisme mortifère et masochisme guardien de vie.* Paris: PUF.

Sahovaler de Litvinoff, D. (2009). *El sujeto escondido en la realidad virtual.* Buenos Aires: Letra Viva.

Schneider, J. (2013). EPF Conference 2015, Berlin.

Sibilia, P. (2008). *La intimidad como espectáculo.* Buenos Aires: Fondo de cultura económica, 2013.

Sopena, C. (2006). Amar entre lo uno y lo otro. In *Pensamiento vivo en la obra de Carlos Sopena.* Madrid: Editorial Biblioteca Nueva-APM, 2014.

Study carried out by IFOP[Institute d'Etudes Opinion et Marketing en France et à l'International] for CAMS on the Internet 13-16 April 2013 (on 2005 people). [Accessed via:http://fr.blogs.cam4.com/info/social/fr/presse7index. html].

Turkle, S. (1997). *Life on the Screen: Identity in the Age of the Internet.* New York: Simon & Schuster.

Turkle, S. (2011). *Alone Together. Why We Expect More from*

Technology and Less from Each Other. New York: Basic Books.

Valéry, P. (1928). *La conquête de l'ubicuité. Oeuvres, II. Pièces sur l'art*. Paris: Gallimard. Bibliothèque la Pléiade, 1960. Electronic edition, 2001. In English: Valéry, P. (1928). The conquest of ubiquity. In *Aesthetics*. R. Manheim (Trans.). London: Routledge & Kegan Paul, 1964.

Weber, B. (2000). An unusual case of role reversal. *New York Times*, 27 February 2000. Cited by Gabbard, G. (2014). Cyberpassion: E-rotic transference and the internet. In *Psychoanalysis in the Technoculture Era*. A. Lemma & L. Caparrotta (Eds.). London & New York: Routledge.

Weinberg, H. (2014). *The Paradox of Internet Groups. Alone in the Presence of Virtual Others*. London: Karnac Books. New International Library of Group Analysis.

Welldon, E. V. (2017). *Sex Now, Talk Later*. London: Karnac Books.

Winnicott, D. W. (1971). *Realidady juego*. Barcelona: Editorial Gedisa, 1992. In English: Winnicott, D. W. (1971). *Playing and Reality*. London: Tavistock Publications.

Winnicott, D. W. (1973). Fear of breakdown. *Int. R. Psychoanal*, 1, 103-107.

Zafra, R. (2017). *El entusiasmo*. Barcelona: Anagrama, Colección Argumentos.

致　谢

感谢我的病人们对本书作出的贡献，他们提出的问题让我大受启发，并敦促我思考。没有他们就没有这本书的诞生。

同样，在即将完成此书时，我要向我的朋友们表达最诚挚的感谢，他们始终陪伴我，信任我，在我辗转反侧、孤军奋战时支持我。他们中有新朋，有故交，在此不一一列出他们的名字，因为他们都知道。

感谢我在西班牙的同事们，还有分布在世界各地的同事们。他们对我写书的动议和图书推广的努力给予了支持，并且鼓励我不断加油。

最后，我要以一种非常特别的方式感谢阿古斯丁·吉诺维斯（Agustín Genovés），他多年来质疑我的每一个观点并帮我澄清。感谢胡安·若泽·马丁内斯（Juan José Martínez），为他的友谊，还有他逐字逐句的仔细阅读。还要感谢豪尔赫·卡内斯特里（Jorge Canestri），他身上散发的人性、智慧和对人的深切的检视，为我的世界带来勃勃生机。

写作的过程是孤寂的，但有那么多人活在我的内心，还有那么多人陪伴在我身边，我要向所有人献上我的感谢。

译后记

翻译本书的过程极其艰难，与互联网时代的高速便捷等特性截然相反，不知是爱情的本质使然，还是近20年的互联网时代的生活浸染提高了我的自我期待。玛蒂娜如诗般的短句读起来朗朗上口，而要翻译成中文时，却变成潘多拉的魔盒；丰富生动的临床案例让人渴望凝视，而要像玛蒂娜那般把入木三分的精神分析的概念分析和理论阐释以平实直白的语言表达出来，就需要反复进出于能指与所指的符号系统之间，在电影、文学小说、电视真人秀、临床治疗片段、广告牌、流行歌曲、短视频、互联网交友网站等多种材料间跳跃，在西班牙文、法文、英文之间转换。这是一场浸满欧洲精神分析气质的饕餮盛宴。希望广大读者阅读此书时，能享受到充盈顺畅的愉悦。

感谢上海教育出版社和谢冬华老师慧眼如炬，全力支持引进原书版权；感谢责编王佳悦老师两年来的专业投入，她优秀的文字功底为此书增添了许多风采。特别感谢王倩老师对我全然的信任，这是我此番艰苦努力中最令人滋养与成长的源泉。

此外，我需要向亲爱的读者们提到我的四位小伙伴。他们与我分享（分担）了初译时期的焦虑体验。他们属于心理咨询与心理治疗行业中的新生代，心怀为大学生群体心智成长用心服务的热忱与大爱。他们是：于亮、聂宁、匡晓和林轩。他们"初生牛犊不怕虎"的精神一直鼓舞着我，历时两年，终将本书带到了读者面前。

我赞同所有推荐者所说，玛蒂娜的洞见是极具时代性和启示性的。因此，它的功能也是多样的、个性化的：或许，它可以作为情侣间互赠的礼物，在"新的爱情秩序"下，成为情侣们进行亲密交谈的话题；也可以成为成人个体进行自我分析的参考读物；还可以成为你赠予父母的礼物，感谢他们以非凡的创造性与勇气，赋予我们生命，让我们永远怀念那与他们融为一体的时刻，也让我们经历苦难，不断汲取力量去选择我们想要收获的，并为此心甘情愿地付出努力，包括理想的爱与爱情。

感谢玛蒂娜。在 2019 年 IPA（国际精神分析协会）伦敦大会上的邂逅，以及中国心理卫生协会中欧精神分析基础概念连续培训项目的合作，让我熟悉了她带有浓重西班牙口音的英语；她手舞足蹈、声情并茂的表达，时常会在我翻译本书时，浮现于脑海。我试图在翻译中还原她的声音元素和表达激情。如有疏漏之处，敬请读者斧正。

钱　捷

2023 年 8 月

图书在版编目（CIP）数据

赛博格时代的爱情面孔：从"我爱你"到"我@你"/
(西) 玛蒂娜·伯德特著；钱捷译. — 上海：上海教育出版社，
2023.11
ISBN 978-7-5720-2021-6

Ⅰ.①赛… Ⅱ.①玛… ②钱… Ⅲ.①心理交往–通俗读物
Ⅳ.①C912.11-49

中国国家版本馆CIP数据核字(2023)第216519号

Love in the Time of the Internet：Do you l@ve me or do you follow me? by Martina Burdet.
ISBN: 978-84-09-19185-7
Simplified Chinese Translation edition copyright: 2024 Shanghai Educational Publishing House
Co., Ltd.
The English edition published by underbau-Copyright © this edition, underbau, 2020; Copyright
© text, Martina Burdet, 2018; Copyright © cover image, Eduardo Nave.
All Rights Reserved.
本书中文简体字翻译版由上海教育出版社获权独家出版并销售。
未经出版社书面许可，不得以任何方式复制或发行本书的任何部分。
上海市版权局著作权合同登记号 图字09-2022-0739号

责任编辑　王佳悦
书籍设计　张擎天

赛博格时代的爱情面孔：从"我爱你"到"我@你"
[西] 玛蒂娜·伯德特　著
钱捷　译　王倩　审校

出版发行　上海教育出版社有限公司
官　　网　www.seph.com.cn
地　　址　上海市闵行区号景路159弄C座
邮　　编　201101
印　　刷　上海叶大印务发展有限公司
开　　本　889×1194　1/32　印张9.25
字　　数　142千字
版　　次　2024年4月第1版
印　　次　2024年4月第1次印刷
书　　号　ISBN 978-7-5720-2021-6/B·0045
定　　价　79.00元

如发现质量问题，读者可向本社调换　电话：021-64373213